Praxisbuch Small Talk

Hesse/Schrader

Praxisbuch Small Talk

Gesprächseröffnungen,
Themen,
rhetorische Tricks

berufsstrategie

Eichborn

Die Autoren
Jürgen Hesse, Jahrgang 1951, ist Diplompsychologe im *Büro für Berufsstrategie* Berlin.
Hans Christian Schrader, Jahrgang 1952, Diplompsychologe in Berlin.

Anschrift der Autoren
Büro für Berufsstrategie
Hesse/Schrader
Oranienburger Straße 4–5
10178 Berlin
Tel. 030 / 28 88 57-0
Fax 030 / 28 88 57-36
www.berufsstrategie.de

Für die Mitarbeit danken die Autoren Frank Villalobo, Berlin.

Small Talk – die Audio-CD

Aufgenommen im Juli 2002 in den Mango Studios, Köln
Tonmeister: Christoph Bette
Sprecher: Rotraud Rieger, Andreas Meese, Karlheinz Tafel
Hörbuch-Bearbeitung: Daniel Güthert
Bearbeitung: Ulrich Biermann
Musik: Ulrich Biermann
Regie: Maria Schüller

Praxisbuch Small Talk

Umschlaggestaltung: Christina Hucke
Lektorat: Waltraud Berz
Gesamtproduktion: Fuldaer Verlagsanstalt, Fulda
ISBN 978-3-8218-5935-4

Verlagsverzeichnis schickt gern:
Eichborn Verlag, Kaiserstraße 66, D-60329 Frankfurt/Main
www.eichborn.de

Inhalt

Tracklist

Fast Reader – Orientierung für eilige Leser

Small Talk. Auf Deutsch klingt das etwas nüchterner: kleines Gespräch. Wobei das Wort »klein« noch am ehesten auf die Länge der Unterhaltung zutrifft. Was ihre Bedeutung angeht, sind Small Talks jedoch alles andere als »klein«. Aber das werden wir im Folgenden noch eindrucksvoll demonstrieren. Vielleicht sollten wir »small« also lieber mit »kurz« übersetzen, denn Small Talks werden sich in der Regel nicht über Stunden erstrecken. Der geübte Small Talker schafft es vielmehr, in kurzer Zeit Interessantes, bisweilen sogar Wissenswertes mitzuteilen, auszutauschen und einen positiven Eindruck, quasi (s)eine persönliche Visitenkarte zu hinterlassen.

Small Talk ist die Kunst, Gespräche so zu gestalten, dass sich alle Beteiligten wohlfühlen. Dies verlangt natürlich ein gewisses Fingerspitzengefühl, ein wenig Sensibilität und kommunikatives Geschick. Sie werden erstaunt sein, wie leicht man dann sein Gegenüber mit einem bisschen Small Talk in eine gute Stimmung versetzen und sogar für sich einnehmen kann. Nur sollte das nicht um den Preis geschehen, sich selbst bis zur Unkenntlichkeit zu verbiegen. Als geübter Small Talker findet man recht schnell heraus, was den anderen interessiert, was gut ankommt und welche Themen besser nicht angeschnitten werden sollten. Natürlich wird man dies in der Unterhaltung berücksichtigen. Genauso wichtig ist es aber, auch die eigene Persönlichkeit ein Stück weit ins Gespräch einzubringen. Nennen wir es »auf gleicher Augenhöhe kommunizieren«. Es geht also darum, eine angemessene Balance zu finden zwischen Interesse am Gesprächspartner und erfolgreicher Selbstdarstellung. Der Kommunikationsprofi findet Wege, die eigenen Positionen und Interessen mit dem Respekt vor dem anderen und dem Interesse an seiner Haltung zu verbinden. Häufiger wird man dabei seinem Gegenüber aufmerksam zuhören, mal steht man aber auch selbst im Vordergrund, weil man Besonderes zu berichten weiß.

Wenn Sie ein gewisses Maß an Selbstbewusstsein und Zufriedenheit ausstrahlen, bringen Sie eine der wichtigsten Voraussetzungen für erfolgreiche

Small Talks mit. Das persönliche Glück darf dabei jedoch nicht zu sehr in den Vordergrund gestellt werden. Bis zu einem gewissen Punkt freut man sich gerne mit Ihnen, aber niemand möchte mit dem Gefühl nach Hause gehen, dass das eigene Leben neben Ihren Schilderungen langweilig, grau, vielleicht sogar glücklos ist.

Mit unserem Small-Talk-Praxisbuch wollen wir Sie ermutigen, sich locker und spielerisch in das Abenteuer Small Talk zu stürzen.

Wenn man die Kontaktaufnahme mit anderen eher als Spiel und nicht als schwierige Aufgabe sieht, wird man ganz leicht ins Gespräch kommen und vor allem auch Spaß dabei haben. Das heißt nicht, dass man den anderen nicht ernst nimmt oder die Situation, in der man sich befindet – ganz im Gegenteil. Es heißt nur, dass Sie, wenn Sie locker auf andere zugehen und die wichtigsten Spielzüge kennen, schnell zum erfolgreichen Small Talker werden und sich auch gerne in Small-Talk-Situationen befinden. Dass es dabei um Spielregeln und Spielzüge geht, können und werden Sie dann auch getrost wieder vergessen.

In der aktuellen Auflage dieses Buches haben wir eine Audio-CD als Bonus für Sie beigelegt. So haben Sie die Möglichkeit, nicht nur über Small Talk zu lesen, sondern ihn auch *live* zu hören. Im Buch finden Sie Hinweise auf die »Tracks« der CD, um das eben Gelesene mithilfe der CD gezielt zu vertiefen. Sie können die CD aber auch ganz unabhängig vom Buch hören, etwa, wenn Sie mit dem Auto unterwegs sind. Die Tracklist der CD finden Sie nach dem Inhaltsverzeichnis auf Seite 8.

Doch zunächst möchten wir in diesem Praxisbuch

- uns die einzelnen Komponenten eines gelungenen Small Talks vor Augen führen,
- die Schritte zum erfolgreichen Small Talker mithilfe von Trockenübungen und Übungen in der Alltagspraxis trainieren und
- einen Riesenfundus an Beispielen kennen lernen und uns von diesen anregen lassen.

Diesen Weg zum besseren Small Talker haben wir in drei Abschnitte aufgeteilt. Zunächst befassen wir uns mit der *Spielanleitung* (1) (Seite 21 ff.), dann mit den wichtigsten *Spielsituationen* (2) (Seite 97 ff.) und zuletzt mit *Spielmaterial* (3), den *thematischen* Aspekten (Seite 131 ff.).

- Welche *Einstiegsmuster* (Seite 26 ff.) gibt es und welche *Strategien* (Seite 30 ff.) sind gut anwendbar, um leicht mit einer anderen Person ins Gespräch und dadurch in Kontakt, in eine Beziehung zu kommen? Mit welchen *Tipps, Tricks* und *Techniken* schaffen Sie es, Ihre *Gesprächsziele zu erreichen* und *Sympathien zu mobilisieren* (Seite 53 ff.)?
- Wie gelingt es Ihnen, sich in typischen Small-Talk-*Situationen* vorteilhaft zu präsentieren? Ob im *Supermarkt*, im *Wartezimmer* Ihres Arztes, auf *Reisen* oder in der *Arbeitswelt mit Vorgesetzten, Kollegen* oder *Geschäftspartnern*, immer geht es um das kommunikative, das verbindende Element. Dabei behandeln wir auch den Small Talk auf *Großveranstaltungen* mit vielen Menschen wie *Events* und *Betriebsfeste* und schlagen den Bogen bis ins Private, zum Small Talk auf der Party.
- Und schließlich die Frage, worüber man am besten spricht. Es wird deutlich, dass man sich ganz bestimmt keine Sorgen über mangelnden *Gesprächsstoff* machen muss: *Themen* gibt es genug. Mehr als 40 ausgewählte und hoffentlich für Sie interessante Bereiche von *Autos* über *Bücher, Blumen* bis *Träume, Wetter, Wünsche* und *Zeitschriften* präsentieren wir Ihnen mit den entsprechenden Einstiegsfragen, die Sie anregen sollen, im Small Talk weitere Fragen für sich und Ihr Gegenüber zu entwickeln.

1 Orientierung für eilige Hörer

Schauen Sie sich abschließend den Ausspruch des amerikanischen Managers Pete Friedes an: »Jedes Gespräch, das Sie führen, verbessert die Beziehung zu Ihrem Gegenüber, verschlechtert sie oder lässt sie unverändert.« Was sich im ersten Moment recht banal anhört, beschreibt bei genauerer Betrachtung messerscharf den Stellenwert jedes einzelnen Small Talks. Ob es uns gefällt oder nicht: Mit dem, was wir von uns geben, mit jeder Äußerung prägen wir unser Image. Das klingt brisant und ist es auch.

Einführung in die Kunst des Small Talks oder Warum Sie es spielerisch angehen lassen sollten

»Aller Anfang ist schwer« oder »Jede Reise beginnt mit dem ersten Schritt«: Solche Spruchweisheiten beruhen auf großer Erfahrung und treffen sinnbildlich auf viele Lebenssituationen zu, auch auf den gekonnten Start eines unverbindlichen, lockeren Gesprächs. Es sieht so leicht aus und fällt vielen Menschen bisweilen oder sogar recht häufig ziemlich schwer. Doch man kann die Kunst des Small Talks erlernen, üben und vervollkommnen.

Sicherlich kennen Sie die flotten, witzigen und zugleich so prägnanten Reime von Wilhelm Busch. Sie lesen sich so gefällig und ungekünstelt und kommen daher wie aus dem Ärmel geschüttelt. Doch der alte Busch hat ganz schön geschwitzt, bis fertiggestellt war, was sich so salopp anhört. Ähnlich verhält es sich mit dem Small Talk, dem lockeren, kleinen Gespräch über meist doch recht alltägliche Dinge.

Wir wollen nicht zu sehr übertreiben: sicherlich bedeutet Small Talk keine schweißtreibende Arbeit. Und trotzdem fragt sich mancher: Wie fange ich (es) bloß an? Wie in vielen Lebenssituationen gilt auch hier: das Schwierigste ist die Überwindung, den ersten Schritt zu tun. Dann läuft es fast schon von alleine. Meistens jedenfalls. Und wenn nicht, gibt es auch dafür einige Tricks, die wunderbar helfen, das Spiel zu beginnen.

Gelegenheiten für nette, unverbindliche, kleine Gespräche gibt es unzählige. Am Arbeitsplatz, auf dem Weg dahin, in der Mittagspause, beim Meeting und die vielen Situationen im privaten Bereich, sei es im Hausflur oder auf der Party.

Wir wollen den Begriff »Small Talk« und seine Anwendung weit fassen, denn nicht nur auf Partys trifft man auf fremde, mehr oder weniger unbekannte Menschen, und nicht nur dort ist mönchische Einkehr fehl am Platz. Berufliche Anlässe wie die überregionale Tagung aller Abteilungsleiter eines Unternehmens, ein vom Chef angeordnetes Seminar, der Sprachkurs, den Sie nicht ausschließlich zum privaten Vergnügen an der Volkshochschule besuchen, die Versammlung der Wohnungseigentümer, der Elternabend, die Schlange an einem Schalter – der Markt der Gesprächsmöglichkeiten ist unendlich groß.

Und auch Zufallskonstellationen sind oft Ausgangspunkt für Small Talks: der neue Kollege in der Firma, das Ihnen nur flüchtig bekannte Gesicht aus einer anderen Abteilung hier jetzt auf dem Jahresempfang eines Ihrer wichtigsten Kunden, die unbekannte Sitznachbarin im Flugzeug, die Begegnung von Müttern auf dem Kinderspielplatz oder die Pause im Theater.

Man kann solche Ereignisse grob in obligatorisch-kommunikative und in fakultativ-kommunikative Situationen unterteilen.

In *obligatorisch-kommunikativen Situationen* ist Kommunikation nahezu zwingend. Sie gehört zur gesellschaftlichen Konvention, und man empfindet dies auch so. Schweigend fühlt man sich unwohl. Messen, Empfänge, Feiern, Partys oder ähnliche Anlässe sind auf Kommunikation geradezu angelegt. Wenn Sie von einem Jubiläumsempfang zurückkehren, ohne auch nur ein Wort gewechselt zu haben, werden möglicherweise Ihre Gastgeber Sie für einen Stockfisch halten oder Sie sich selbst über die verschwendete Zeit ärgern. Noch schlimmer ist es, wenn beides zusammentrifft, das erzeugte Bild bei Ihren Gastgebern und Ihr eigener Ärger ob der verlorenen Zeit. Dabei spielt es keine Rolle, ob Zurückhaltung Grund für Ihr Schweigen war oder ob Sie die komplette Gästeschar als völlig niveaulos und eines Gespräches nicht würdig empfunden haben.

In *fakultativ-kommunikativen Situationen* können Sie selbst entscheiden, ob Sie ein Gespräch beginnen oder in eines verwickelt werden möchten. Wenn Sie also die Reisezeit lieber zum Lesen oder Arbeiten nutzen möchten oder Ihren Sitznachbarn im Zug gar uninteressant bis unsympathisch empfinden, müssen Sie kein schlechtes Gewissen haben, wenn Sie sich nicht mit ihm unterhalten.

In beiden beschriebenen Konstellationen kommt es auf die Bereitschaft, auf Ihre innere Einstellung zu Kontakt und Kommunikation an. Zugegebenermaßen erfordert der Gesprächsbeginn für viele mitunter Überwindung. Gerade in den obligatorisch-kommunikativen Situationen, wenn Sie also privat oder beruflich eingeladen sind, könnten Sie sich leicht unter Druck gesetzt fühlen, den Erwartungsdruck manchmal körperlich spüren.

Natürlich gibt es kein allein glückselig machendes Patentrezept oder gar ein Drehbuch für alle möglichen Situationen, in denen Small Talk angezeigt wäre. Jede Gesprächssituation ist irgendwie ein bisschen anders, irgendwie neu und unvorhersehbar. Und doch kann man aufgrund des gemeinsamen Hintergrundes aller Small-Talk-Situationen sagen, worauf es ganz besonders ankommt, welche Spielregeln unbedingt zu beachten sind, damit Sie optimal rüberkommen.

Die Gründe, einen Small Talk zu beginnen, sind vielfältig. Im Idealfall möchte man etwas von seinem Gegenüber erfahren und ihm im Gegenzug etwas von sich mitteilen. Wenn ein Gespräch hingegen vor allem eröffnet wird, um peinliches Schweigen zu beenden, ist die Ausgangssituation zunächst natürlich wesentlich verkrampfter. Aber selbst aus diesem Start heraus kann sich bei gemeinsamen Interessen schnell ein spannendes Gespräch entwickeln und sich die Atmosphäre zwischen den Gesprächspartnern angenehm entspannen.

In vielen Situationen liegen gemeinsame Interessen auf der Hand. Bei Ärztekongressen, Wohnungseigentümerversammlungen, Vorträgen in der Industrie- und Handelskammer oder Ausstellungseröffnungen wird man leicht einen Gesprächsaufhänger finden. Beim Kongress will man etwas über den Fachkollegen erfahren. Wo und in welcher Funktion arbeitet er? Wo wurde er ausgebildet, an welchen Projekten arbeitet er gerade? Auf der Eigentümerversammlung interessiert, wer der Inhaber der anderen Dachwohnung ist. Von ihm will man wissen, ob es dort auch durchregnet. Und wenn Sie ein internationales Symposium besuchen, ist es spannend zu erfahren, aus welchen Ländern die anderen Teilnehmer kommen. Nicht, dass Sie ohne diese Information nicht auch weiterleben könnten, aber es ist angenehm und bereichernd, sich mit anderen auszutauschen.

2 Small Talk – Das kleine Gespräch mit der großen Wirkung

Speziell beim beruflichen Small Talk sollte es nicht schwer fallen, Gesprächsaufhänger zu finden, denn schließlich gibt es viele gemeinsame Interessen. Jeder will über Veränderungen (Was geht vor?) informiert sein. Mit den richtigen Small-Talk-Fragen lässt sich dieses Ziel schnell erreichen.

Bei rein gesellschaftlichen Anlässen bieten sich fast noch mehr Anknüpfungspunkte an. Da darf man ruhig schon mal etwas neugierig sein und mit Fragen wie: »Wie sind Sie mit dem Gastgeber verwandt/befreundet?« – »Sind Sie auch aus dieser Stadt oder weit angereist?« – »Nutzen Sie die Gelegenheit, Hamburg näher kennen zu lernen?« treten Sie niemandem zu nahe. Selbst das Wetter ist als Thema nicht zu banal, wenn Sie sich wirklich über den tollen Sommer freuen und diese gute Laune mit jemandem teilen möchten.

Falls die Situation im ersten Moment keinen Anknüpfungspunkt bietet, schauen Sie sich einfach Ihr Gegenüber genauer an. Irgendetwas an ihm weckt vielleicht ja doch Ihr Interesse oder gar die Neugier. Das gebräunte Gesicht erleichtert die Frage nach dem Urlaubsort. Vielleicht will man auch wissen, was das Abzeichen am Anzugrevers bedeutet, oder interessiert sich für die Reiselektüre des Sitznachbarn.

Natürlich kann man Small Talks auch mit persönlichen Eindrücken starten. Allerdings sollte man sich in diesem Fall unbedingt kurz fassen. Es geht darum, einen Anknüpfungspunkt zu liefern, und nicht um ellenlange Erlebnisberichte. »Das ist ja ein scheußlicher Regen da draußen!«, »Wer in dieser Gegend einen Parkplatz finden will, braucht Geduld. Wie ist es Ihnen ergangen ...?«, »Ich fand den Vortrag absolut spannend! Was meinen Sie? Ist Ihr Eindruck auch so positiv?«

Nur wenn Sie diesen ersten Schritt gehen, lernen Sie Ihr Gegenüber vielleicht etwas näher kennen, finden Sie den anderen sympathisch und interessant. Dass sich Ihr Gesprächspartner diese Fragen umgekehrt auch stellt, ist klar. Nach dem Einstieg ergibt sich dann sehr schnell, ob das Gespräch spannend oder einfach nur nett weitergeht und ob man eine gemeinsame Wellenlänge finden kann, die etwas Verbindendes zwischen Ihnen beiden schafft, oder eben nicht. Dabei sollten wir uns selbst nicht allzu sehr unter Druck setzen. Schließlich geht es nicht um den erfolgreichen Abschluss einer Verhandlung, sondern »nur« darum, Sympathien zu gewinnen. Falls Sie aber doch gerade eine Verhandlung vor sich hätten, wäre dies schon der gelungene Auftakt.

Der Grundsatz von »Trial and Error«, von »Versuch und eventuellem Irrtum«, gilt auch beim Small Talk. Am besten, Sie legen einfach los!

Zugegebenermaßen ist dies leichter gesagt als getan. Aber: Übung macht den Meister, und außerdem müssen Sie ja nicht unbedingt gleich eine Meisterschaft anstreben. Gegen eine Verbesserung Ihrer kommunikativen Kompetenz ist doch aber bestimmt nichts einzuwenden? Oder?

Typische Einstiegssituationen

Anhand von fünf Situationen möchten wir gleich zu Beginn zeigen, wie sehr es im Small Talk auf Ihre innere Einstellung ankommt. Bereits beim Einstieg sollten Sie dem anderen das Gefühl geben, dass Sie sich über die Begegnung mit ihm freuen. Übertragen Sie Ihre (hoffentlich) gute Laune und platzieren Sie vielleicht ein Kompliment oder wenigstens etwas Positives. Wichtig sind Ihre Ausstrahlung und Ihre Fähigkeit, Sympathie zu mobilisieren. Wenn Sie möglichst locker und freundlich auf Ihren Gesprächspartner zugehen, dann ist das die beste Ausgangsposition für einen erfolgreichen Small Talk.

Als Small Talker sollten Sie nicht krampfhaft nach exotischen Themen suchen. Zum Einstieg bieten sich am ehesten die äußeren Umstände an: Ort, Geschehen, Zeit, Wetter. Die folgenden Beispiele zeigen, wie leicht Sie in der Gesprächseröffnung Sympathien gewinnen können.

Situation 1: Auf dem Wochenmarkt

Auf dem Wochenmarkt treffen Sie überraschend Ihren Vorgesetzten. Seit Jahren schon kaufen Sie dort Ihr Gemüse, aber Ihren Chef haben Sie dabei noch nie gesehen. Was ist also naheliegender, als ihn freundlich zu begrüßen: »Hallo, guten Morgen, Herr Neuhof! Ich bin ganz erstaunt, Sie hier zu treffen. Ich kaufe hier jedes Wochenende ein, aber Sie treffe ich heute zum ersten Mal. Wohnen Sie auch hier in der Gegend?«

Nun werden Sie sich aufmerksam Herrn Neuhofs Antwort anhören und daran anknüpfen. Vielleicht erzählt er, dass seine Frau und er erst vor wenigen Wochen in den Stadtteil gezogen sind. Falls Sie die Straße kennen, in die Herr Neuhof gezogen ist, können Sie leicht sagen: »Das ist eine nette Adresse, da wohnt es sich bestimmt gut.« Anschließend schwärmen Sie kurz davon, welche tollen Restaurants und Kneipen es in der Gegend gibt. Dabei dürfen Sie nicht zu sehr ins Detail gehen. Schließlich sind Sie beide vor allem zum Einkaufen auf dem Wochenmarkt. In diesem kurzen Gespräch sollten Sie vor allem den Eindruck erwecken, dass Sie sich sehr über dieses zufällige Treffen freuen!

Situation 2: In der U-Bahn

Morgens in der U-Bahn begegnen Sie einer ehemaligen Kollegin, die Sie seit Jahren schon nicht mehr gesehen haben. Gehen Sie doch einfach auf sie zu, lächeln Sie: »Hallo, Frau Schneider. Schön, dass ich Sie treffe! Wir haben uns ja schon lange nicht mehr gesehen. Gut schauen Sie aus! Wie geht es Ihnen denn?«

Aus diesem Einstieg muss sich kein langes Gespräch entwickeln, aber möglicherweise haben Sie dafür gesorgt, dass Frau Schneider gut gelaunt in den Tag startet. Schließlich ist jeder empfänglich für halbwegs glaubwürdige Komplimente.

Situation 3: Im Büroflur

Im Büroflur kommt Ihnen Ihre Kollegin aus der Controlling-Abteilung entgegen. Natürlich werden Sie ihr freundlich einen »Guten Morgen« wünschen. Aber sprechen Sie sie ruhig auch auf ihr Outfit an: »Hey, Frau Barth, das ist ja wirklich eine außergewöhnliche Kette, die Sie heute tragen. Ein sehr individueller Stil. Kompliment!«

Situation 4: In einer langen Schlange vor der Kinokasse

Sie stehen in einer langen Schlange vor der Kinokasse, die sich nur sehr langsam bewegt. Es regnet und es ist kalt. Die meisten Wartenden sind entsprechend ungeduldig und schlecht gelaunt. So auch die Dame vor Ihnen, die sich immer wieder nervös umdreht. Warum sorgen Sie nicht mit einem kurzen Kommentar für gute Stimmung? »Schon erstaunlich, welche Strapazen man für Kinokarten auf sich nimmt! Aber für Filme von Kaurismäki warte ich notfalls auch bei minus fünf Grad vor der Kinokasse. Und ganz offensichtlich nicht nur ich. Haben Sie seinen letzten Film gesehen? War der nicht faszinierend?«

Falls Sie nicht über Filme reden wollen, können Sie der Frau vor Ihnen auch ein Kompliment machen: »Ich spreche Sie einfach mal an, weil ich Ihren schicken Mantel bewundere. Sehr elegant, und bestimmt schön warm, Ihr Mantel!«

So schnell kann man anderen mit wenigen Worten eine Freude machen.

Situation 5: Auf dem Postamt

Nachmittags gegen 16 Uhr auf dem Postamt. Sie wollen ein Paket abholen und können Ihr Glück kaum fassen. Oft genug haben Sie hier schon 15 Minuten und länger warten müssen, doch heute sind Sie sofort an der Reihe. Sprechen Sie den Postbeamten ruhig darauf an: »Na, ich freue mich ja riesig, dass ich heute so schnell bedient werde! So leer habe ich das hier noch nie erlebt. Für Sie ist das sicherlich auch ganz angenehm, wenn es mal etwas weniger hektisch zugeht, oder?«

Sie haben es natürlich bemerkt: In allen fünf Situationen ist die Grundstimmung freundlich, optimistisch und wohlwollend. Vielleicht werden Sie nun einwenden, man sei nicht ständig nur gut gelaunt.

Zum gelungenen, aktiv initiierten Einstieg in den Small Talk gehören allerdings schon ein freundliches Lächeln und ein paar nette Worte untrennbar dazu. Schließlich beeinflusst die Stimmung, die Sie in der Gesprächseröffnung erzeugen, meist die gesamte Unterhaltung und prägt Ihr Image. So ist gar nicht abwegig, dass Ihr Vorgesetzter, den Sie auf dem Markt so freundlich begrüßten, abends seiner Frau erzählt: »Heute habe ich beim Einkaufen übrigens einen meiner Mitarbeiter getroffen. Wir hatten ein sehr nettes kurzes Gespräch. Im Büro war mir das bisher nie aufgefallen, wie offen der junge Mann auf andere zugeht. Ich habe den Eindruck, der Junge ist sehr engagiert. Ich werde den mal weiter beobachten. Auf diesem Sachbearbeiterposten versauert der auf Dauer. In der Key-Account-Abteilung wäre er als Ansprechpartner für unsere wichtigen Kunden wesentlich besser aufgehoben …«

Natürlich können Sie bei solchen Zufallsbegegnungen auch einfach mit einem knappen, eher nuschligen »Guten Morgen!« an Ihrem Chef vorbeigehen. Vielleicht berichtet dieser seiner Frau aber dann Folgendes: »Heute habe ich auf dem Markt einen meiner Mitarbeiter getroffen. Ich glaube, am liebsten hätte der so getan, als würde er mich gar nicht sehen. Gerade mal ein knappes ›Guten Morgen‹ bekam der herausgepresst. Ziemlich unfreundlich. Ich denke, bei der nächsten Reorganisation der Abteilung werde ich mir den mal ganz genau ansehen …«

Manche Zeitgenossen eröffnen Gespräche auch gerne mit »Humor«: »Tag, Herr Neuhof. Als würde es nicht schon reichen, dass wir uns täglich im Büro sehen, laufen wir uns nun auch noch hier über den Weg. Wie das Schicksal so spielt. Aber trotzdem wünsche ich Ihnen noch einen schönen Einkauf.« Ob Herr Neuhof diese Begrüßung witzig und originell findet? Das sollten Sie lieber nicht ausprobieren.

Wer gleich beim Gesprächseinstieg herumnörgelt, macht sich unbeliebt. Natürlich ist die Welt nicht nur himmelblau, aber am Anfang eines Small Talks machen sich positive Eindrücke einfach besser. Wer Abwertendes in den Mittelpunkt rückt, verrät damit mehr über sich, als ihm vermutlich lieb sein dürfte. Man muss mit sich selbst und der eigenen Situation schon sehr unzufrieden sein, wenn man es nötig hat, die eigene Stimmung durch Sticheleien, Frotzeleien, Beleidigung und Kränkung anderer zu bessern.

3 Die Macht der Sprache

Niemand hat Lust, sich länger als unbedingt nötig mit Ihnen zu unterhalten, wenn Sie mit Ihren Kommentaren schlechte Laune verbreiten. Natürlich gehören kritische Bemerkungen und Ironie zur Kommunikation, aber eben nicht an den Anfang, an den Auftakt eines Gesprächs. Beginnen Sie lieber mit Komplimenten und Interesse an Ihrem Gegenüber. Dafür wird man Sie lieben.

ÜBUNG

Beobachten Sie zunächst einfach einmal sehr bewusst und gezielt das Small-Talk-Verhalten anderer in Alltagssituationen. Sie werden interessante Entdeckungen machen!

Die Spielanleitung oder Wie Sie Ihre Small-Talk-Fähigkeiten erfolgreich ausbauen können

Wer auf andere Menschen offen und unverkrampft zugehen kann, wer mit Leichtigkeit ein Gespräch anfangen kann, bei wem sich schnell eine gute Atmosphäre einstellt, der ist ein Gewinner. Er oder sie verfügt über das, was wir unter sozialer Kompetenz verstehen oder mit emotionaler Intelligenz beschreiben. Er oder sie ist in der glücklichen Lage, Beziehungen herzustellen, Sympathie zu mobilisieren, andere für sich einzunehmen. Es liegt auf der Hand: Wer Networking und PR in eigener Sache zu betreiben versteht, wer schlicht das Richtige im rechten Moment zu sagen vermag, weil er/sie weiß, worauf es ankommt, ist im Vorteil und profitiert – im Leben ganz allgemein und in der Arbeitswelt im Besonderen. Denn bei der Wahrnehmung von Chancen im Berufsleben wie im Privaten spielen kommunikative Souveränität und Beziehungsmanagement (wie es jetzt auch so schön neudeutsch heißt) eine immer wichtigere Rolle.

Wir werden Ihnen gleich ganz konkret zeigen, worauf es ankommt, damit Sie besser ankommen, wenn es darum geht, gesprächs-initiativ zu werden.

Strategien und Starthilfen

Die Angst davor, etwas Unpassendes zu sagen, von anderen Menschen negativ bewertet zu werden oder ein knapp begonnenes Gespräch nicht in Gang halten zu können, ist weit verbreitet. Bei betrieblichen Zusammenkünften, in Bewerbungsgesprächen, aber auch bei Geschäftsessen, beim Einkaufen oder typischerweise auf Partys fühlen sich viele Menschen nicht selten wegen genau dieser Gründe unsicher, unwohl und hilflos. Sollten Sie sich in dieser Beschreibung wiederfinden, seien Sie versichert: Sie sind mit diesem Problem wirklich nicht allein auf der Welt.

Schüchterne gehen an Small Talk anders heran als kommunikative, selbstbewusste Menschen: Sie halten sich relativ lange mit (oberflächlichen) Einstiegsthemen auf und wagen es nicht, Fragen zu stellen, die das Verhältnis zum Gesprächspartner intensivieren. Sie geben wenig Persönliches von sich preis oder flüchten sich in Lieblingsthemen, die sie ohne wirkliches Gespür für das Gegenüber langatmig vortragen. Häufig fallen ihre Antworten so kurz aus, dass die Unterhaltung nicht wirklich in Gang kommt und unangenehme Redepausen auftreten.

Wie kann man dieses Verhalten ändern? Am einfachsten ist es, Small Talks bei »harmlosen« Anlässen zu üben, die von keiner nachhaltigen Bedeutung sind, wie zum Beispiel beim Einkaufen oder im Schwimmbad. Eine wichtige Voraussetzung dafür ist, dass Sie möglichst entspannt sind. Allerdings ist zum Beispiel Alkohol zum Lockern der Zunge sicherlich keine gute Idee. Möglicherweise löst die enthemmende Wirkung sogar das Gegenteil vom beabsichtigten Zweck aus, indem der Alkoholisierte als besonders geschwätzig erlebt wird. Oder die Blockade wird so erst recht gefestigt und nur noch ein Rückzug scheint möglich.

ÜBUNG

Nutzen Sie die nächste sich ergebende Alltagssituation für einen Small Talk – und seien es ein paar Worte an der Käsetheke Ihres Supermarktes oder an der Haustür ...

Das folgende Beispiel aus dem Berufsleben zeigt, wie leicht sich auch für Schüchterne Small-Talk-Situationen bewältigen lassen. Angenommen, Sie sind als neuer Mitarbeiter zu einer größeren Jubiläumsfeier eingeladen und kennen niemanden. Wie verhalten Sie sich am besten? Zunächst können Sie durch Körpersprache signalisieren, dass Sie gern angesprochen werden möchten. Stellen Sie sich in die Nähe einer Gruppe, ohne Außenstehenden den Rücken zuzudrehen. Schauen Sie interessiert, nehmen Sie Blickkontakt auf, versuchen Sie, den Mund leicht zu öffnen, um ein Lächeln oder Gesprächsbereitschaft anzudeuten (also auf keinen Fall die Lippen zusammenpressen). Small-Talk-Profis in der Gruppe werden Ihre nonverbale Kommunikation richtig deuten und Sie in das Gespräch mit einbeziehen, oder jemand von außen wird auf sie zugehen und Sie ansprechen.

Ein andere Möglichkeit besteht darin, sich intensiv für Dinge zu interessieren, die auch die anderen Gäste betreffen, zum Beispiel die Fotos vom letzten Betriebsfest, die eben zu Ende gegangene Ansprache des Geschäftsführers oder das üppige Büfett und die lange Schlange von Hungrigen davor. So beginnt leicht ein Gespräch.

Als zurückhaltender Mensch werden Sie vielleicht davor zurückschrecken, eine Gesprächseröffnung mit einem Gruß und Ihrer persönlichen Vorstellung zu beginnen. Warten Sie damit jedoch nicht zu lange, denn später wird dies immer schwieriger! Versuchen Sie, sich den Namen des Gegenübers einzuprägen, indem Sie ihn wiederholen und vielleicht eine Frage dazu stellen, zum Beispiel woher dieser Name bzw. sein Träger überhaupt stammt, oder aber auch, wie lange er oder sie schon im Unternehmen mitarbeitet.

Suchen Sie nach einem gemeinsamen Thema. In diesem Buch finden Sie zahlreiche Anregungen dazu. Machen Sie sich ruhig schon vor dem Besuch von Veranstaltungen, auf denen souveränes Small-Talk-Verhalten angezeigt ist, Gedanken, über welche Themen Sie gerne sprechen, sich austauschen möchten. Vielleicht haben Sie auf der Fahrt zu diesem Veranstaltungsort im Autoradio einen spannenden Beitrag gehört oder vor kurzem einen erwähnenswerten Artikel in der Zeitung gelesen. Am besten, Sie achten darauf, dass diese Themen von allgemeinem Interesse sind und möglichst nicht zu kontrovers diskutiert werden müssen. Nun wird man zwar ein Gespräch nicht mit dem folgenden Ausruf eröffnen wollen: »Sie werden nicht glauben, was ich heute früh in der Zeitung gelesen habe …«, aber zur Überbrückung von Schweigepausen ist dies vorzüglich geeignet.

Falls ein Small Talk auf ein Thema zusteuert, von dem Sie keine Ahnung haben, zeigen Sie Ihr grundsätzliches Interesse mit Bemerkungen wie: »Das klingt ja spannend! Ich muss Ihnen allerdings gestehen, dass ich die Hintergründe nicht kenne. Es wäre großartig, wenn Sie mir das Ganze etwas genauer erklären könnten!« Die meisten Menschen fühlen sich geschmeichelt, wenn man sie für Experten hält.

Irgendwann wendet sich schon das Blatt, und Sie werden etwas von Ihrem Gegenüber gefragt. Geben Sie nicht zu einsilbige, zu kurze Antworten. Besonders geschickt ist es, wenn Sie Ihre ausführlichere (aber nicht ausschweifende!) Antwort mit einer Frage an Ihren Gesprächspartner verknüpfen, zum Beispiel: »Ich bin seit drei Jahren Vertriebsassistent bei einem mittelgroßen Autohändler. Dort lerne ich durch Praxis und Schulungen eine Menge über psychologische Verkaufsstrategie dazu. Wie finden Sie eigentlich die aktuelle Fernseh-Autowerbung von …? Nehmen Sie die eigentlich bewusst wahr?«

Um unangenehme Gesprächspausen zu überbrücken, können Sie auch immer eine Verständnisfrage stellen: »Habe ich es richtig verstanden, dass Sie ...« Pausen im Gespräch entstehen häufig, wenn die Antworten Ihres Gesprächspartners sehr kurz ausfallen. Grund dafür kann sein, dass ihn das Thema nicht interessiert. Möglicherweise ist er oder sie gedanklich aber auch abwesend und möchte lieber mit anderen Kollegen, Kunden, Besuchern oder Gästen sprechen. Geben Sie ihm Gelegenheit, das Gespräch zu beenden, und nehmen Sie dies nicht persönlich. Small Talks sollten ohnehin nur in Ausnahmefällen länger als zehn Minuten oder eine Viertelstunde dauern und gewichtige Fragen will man auch nicht mit jedem erörtern. Bei gegenseitiger Sympathie können interessante Gespräche bei anderen Gelegenheiten – später am Abend oder bei einem weiteren Treffen – vertieft werden.

Small-Talk-Unerfahrene neigen dazu, ihre Lieblingsthemen als Sicherheitsnetz zu nutzen und leider auch häufig überzustrapazieren. Falls der Gesprächspartner das Interesse für ein Thema nicht teilt, wird er sich früher oder später langweilen. Zum Glück lässt sich sehr leicht feststellen, ob der andere Details hören will oder lieber doch nicht. Falls er Ergänzungen macht, zustimmend mit dem Kopf nickt oder interessierte Zwischenfragen stellt (sofern Sie ihm durch kurze Pausen dafür Gelegenheit geben!), können Sie mit gutem Gewissen weitererzählen. Wichtig ist, sein Gegenüber mit entsprechenden Bemerkungen immer wieder ins Gespräch einzubinden. »Jetzt habe ich gerade von meinem Studium gesprochen. Nun erzählen Sie mal von Ihrer Ausbildung. Sind Sie gleich danach fest angestellt worden?«

Wenn Sie sich von dem Gedanken befreien, dass der andere alles, was Sie von sich geben, auf die Goldwaage legt, gehen Sie Small Talks wesentlich entspannter entgegen. Jeder sagt mal etwas Unüberlegtes, manchmal sogar Verletzendes. Mit der Routine im Small Talk wachsen auch Ihr Einfühlungsvermögen und Selbstwertgefühl und damit auch Ihre Geschick, Fettnäpfchen zu meiden.

Absolut wichtig ist, immer wieder Blickkontakt zu Ihrem Gegenüber aufzunehmen, denn nur dann können Sie auf seine Eindrücke, auf seine körpersprachlichen Hinweise angemessen und schnell reagieren. Viele nützliche Hinweise finden Sie in dem Kapitel zum Thema »Körpersprache« ab Seite 57.

Damit es aber noch besser klappt, hier ein Spielplan, wie Sie zukünftig erfolgreich die Initiative ergreifen ...

Der leichte, weil strukturierte Einstieg in den Small Talk

Den meisten Menschen bereiten gerade Small-Talk-Anfänge besondere Schwierigkeiten. Da herrscht Unsicherheit, vielleicht auch begründet in einem etwas mangelhaft ausgeprägten Selbstbewusstsein und damit verbundenem Selbstvertrauen, da fehlt die positive Erfahrung, dass es meistens gut funktioniert hat, wenn man mit einer anderen Person ins Gespräch kommen wollte. Und so ist auch aufgrund dieser Hintergründe wenig an Technik oder gar Know-how vorhanden, wie man es geschickt(er) anstellt, wenn man beispielsweise mit einer unbekannten Person in ein Gespräch zu kommen wünscht. Genau darum wird es im Folgenden gehen: wir zeigen wunderbare Strategien, Techniken, Tipps und Tricks, die enorm hilfreich sein können.

Vielleicht kennen Sie das diffuse Unsicherheits- oder gar Angstgefühl, auf Menschen zuzugehen. Dann plagen Sie Überlegungen wie: Bin ich dem anderen überhaupt so sympathisch, dass er/sie sich mit mir unterhalten mag? Welchen Eindruck mache ich auf ihn/sie? Wird er/sie sich nicht vielleicht belästigt fühlen? Störe ich ihn/sie womöglich? Wie eröffne ich bloß das Gespräch? Worüber soll ich reden? Was interessiert den Gesprächspartner? Was sag ich jetzt bloß, um einen guten Eindruck zu machen und irgendwie mit dem anderen ins Gespräch zu kommen?

Wenn dann ein Gespräch erst einmal in Gang gekommen ist, läuft alles häufig wie von selbst. Nicht jedes Mal, aber hin und wieder schon. Nur trauen Sie sich oft genug nicht, den Anfang zu machen. Dabei gibt es viele Situationen, in denen Ihnen nach Small Talk wäre, und es gibt auch unzählige spannende Themen, die lohnen, sich darüber auszutauschen, sie zu besprechen. Wenn man dann noch Aufmerksamkeit oder sogar ehrliches Interesse an den Ausführungen des anderen zeigt oder gezeigt bekommt und auch selbst etwas Bemerkenswertes dazu beisteuern kann, scheint der Small Talk fast ein Kinderspiel. Für dieses Mal. Aber schon beim nächsten Mal sind wieder die Unsicherheit und das lange Zögern da und die Überlegung, ob Sie sollen, dürfen, könnten.

Entwarnung ist angezeigt: Gesprächseinstiege funktionieren problemlos, wenn man sich die Grundregeln verdeutlicht und danach handelt. Es geht in schöner Regelmäßigkeit immer wieder um:

- die Vorbereitung
- die Eröffnung
- den Ausbau und die Vertiefung des Gesprächs

Als Allererstes kann man die Scheu, den anderen anzusprechen, ablegen (zugegeben leichter gesagt als umgesetzt, aber das muss an dieser Stelle nun einmal zu Papier und hoffentlich/vielleicht auch in Ihr Bewusstsein gebracht werden!). Die meisten Menschen freuen sich, wenn man sich für sie interessiert. Mit Ihrer Gesprächseröffnung signalisieren Sie: »Sie sind mir sympathisch! Ich möchte Sie näher kennen lernen! Ich will Ihre Meinung hören!« Mal ganz ehrlich: Fühlen Sie sich nicht geschmeichelt, wenn Ihnen jemand dieses Gefühl gibt?

Lassen Sie uns nun »strategisch/technisch« werden. Der Small-Talk-Unerfahrene kann sich relativ leicht an der *BASF-Einstiegsformel* orientieren. Denken Sie an den gleichnamigen Chemiegiganten, denn auf die persönliche Chemie kommt es ja besonders an!

Die BASF-Einstiegsformel

B Beobachten/Blickkontaktaufnahme/Begrüßung: evtl. auch nur ein Kopfnicken

A Anfangen/Ansprechen/Anrede: z.B. Sie stellen sich vor

S Statement abgeben: Sie geben ein Thema vor, über das Sie reden wollen

F Frage stellen: Damit ermöglichen Sie Ihrem Gegenüber einen leichten Gesprächseinstieg, einen Anknüpfungspunkt

Betrachten wir die einzelnen Schritte ausführlicher.

B = Beobachten/Blickkontakt/Begrüßung

Es klingt banal und ist auch wirklich ganz einfach. Weshalb ein freundlicher Gruß – sei es nur ein kurzes, stummes Kopfnicken, ein Hallo oder auch ein: Einen schönen guten Tag wünsche ich Ihnen! – dennoch Seltenheitswert hat, wir wissen es nicht. Liegt es vielleicht daran, dass manche Menschen viel zu sehr mit sich selbst beschäftigt sind und außerdem befürchten, mit einem Gruß dem anderen schon zu nahe zu treten?

Wie auch immer, machen wir es nicht komplizierter, als es ist: Gehen Sie einfach auf den anderen zu, schauen Sie ihm ins Gesicht, und sagen Sie laut, deutlich und freundlich *»Guten Tag!«* So leicht ist es, einen positiven ersten Eindruck zu hinterlassen. Wie wichtig der Eindruck der ersten Sekunden ist und wie nachhaltig er wirkt, das wissen Sie selbst.

Beim Grüßen sollten Sie unbedingt lächeln. Ihr Gegenüber sollte spüren, dass Sie sich freuen, ihm jetzt näher zu kommen, ihn eventuell vielleicht jetzt kennen zu lernen.

Kommen Sie uns jetzt bitte nicht mit dem Argument, Lächeln sei oberflächlich und eine dieser Marotten, die irgendwann aus Amerika nach Europa herüberschwappten. Wie war das denn gestern im Supermarkt, als die Käseverkäuferin die Lippen nicht zu einem Gruß auseinanderbekam, geschweige denn gelächelt hatte? Fanden Sie das freundlich? Falls Ihnen absolut nicht nach Lachen oder Lächeln zumute ist, dann haben Sie sich einen denkbar schlechten Moment zum Small Talk ausgesucht. Halbwegs gute Laune wäre schon die beste Grundvoraussetzung für zwanglose Plaudereien.

Auch die Lautstärke spielt durchaus eine Rolle beim Grüßen. Man muss zwar nicht gleich schreien, aber gut hörbar sollte der Gruß schon sein. Wer gerade mal die Lippen bewegt, wirkt schüchtern und erweckt den Eindruck, er wolle am liebsten gar nichts sagen und auch gar nicht gehört werden. Der *Blickkontakt* ist sehr wichtig, weil er zum einen Selbstbewusstsein demonstriert und zum anderen dem Gesprächspartner signalisiert: »Genau Sie sind es, der mich jetzt interessiert!« Man sollte allerdings darauf achten, dass aus dem Blickkontakt kein Anstarren wird (egal wie attraktiv Sie Ihr Gegenüber auch finden mögen). Versteht sich von allein, dass das niemand gerne mag.

A = Anfangen/Ansprechen/Anrede

Vielleicht stellen Sie sich kurz vor. Beginnen Sie möglichst nicht mit »Darf ich mich Ihnen vorstellen?« Das klingt schüchtern, unterwürfig und ein bisschen altbacken, um nicht zu sagen dämlich. Sie können stattdessen mit folgender Floskel einleiten: »Ich möchte mich Ihnen gerne vorstellen!« Das ist mindestens genauso höflich, aber wesentlich dynamischer. Wenn Sie eine gewisse Nähe zum anderen suggerieren wollen, dann nennen Sie Vor- und Nachnamen. »Ich bin Paul Schröder.« Das ist schlicht und einfach. »Ich heiße …« klingt sehr nach Vorstellungsgesprächsrunde, geht zur Not aber auch noch. »Mein Name ist …« scheint dem Englischen »My name is …« nachempfunden zu sein und hört sich im Deutschen etwas unbeholfen an.

Nun ist es unwahrscheinlich, dass sich Ihr Gegenüber Ihren Namen merken kann oder wird, wenn er ihn nur ein einziges Mal gehört hat. Eine Möglichkeit, dieses Problem zu lösen, ist das Überreichen Ihrer Visitenkarte, was im Arbeitsleben ziemlich häufig besonders von (Business-)Männern praktiziert wird.

Aber diese werden Sie Ihrem Gegenüber nicht gleich zu Anfang des Gesprächs in die Hand drücken wollen. Manche versuchen, Eselsbrücken zu bauen. Bei Paul Schröder wäre beispielsweise die Erklärung »Paul wie McCartney und Schröder wie der Bundeskanzler« denkbar. Geschmackssache. Manche Gesprächspartner werden diesen Vergleich albern finden. Vielleicht sind Visitenkarten doch keine so schlechte Idee.

Sie müssen sich aber auch nicht unbedingt gleich namentlich vorstellen. »Verzeihen Sie wenn ich Sie anspreche. Darf ich Sie was fragen? Ich ... (suche, brauche, möchte, frage mich ... und so weiter).« Oder auch nur: »Hallo ... Verzeihung ... Äääh Sie, sagen Sie bitte ...«

Es geht also auch prima ohne eine mehr oder weniger formelle Vorstellung. Diese können Sie immer noch zu einem etwas späteren Moment nachholen. Wichtig ist es anzufangen. Mit dem Sprechen, der Ansprache ...

S = Statement abgeben

Jetzt geben Sie ein Thema vor, sprechen etwas an, worüber Sie reden bzw. sich austauschen wollen oder womit Sie zumindest die ersten Kontaktknüpfungs-Einstiegs-Sekunden überbrücken wollen.

Das Formale ist bereits abgehakt. Nun wird es endlich interessant. Es liegt in Ihrer Hand, worüber Sie in den nächsten Minuten sprechen werden. Ihr Blick und Ihr Gruß mögen beim Gegenüber erste Sympathien geweckt haben, aber wenn Sie anschließend keinen Aufhänger liefern, dann wird der andere unter Umständen ziemlich unbeholfen dastehen und denken: »Na prima, Sie sind also Paul Schröder. Und nun?« Falls Sie bei gemeinsamen Freunden eingeladen sind, dann ist der folgende Aufhänger nahe liegend: »Ich habe mit Hendrik in Heidelberg Medizin studiert.« Oder bei einem geschäftlichen Anlass: »Hendrik Hansen kauft schon seit Jahren seine Autos bei mir.« Oder im privaten Bereich: »Ich bin der Nachbar der Hansens«, oder, oder, oder ...

F = Frage stellen

Damit ermöglichen Sie Ihrem Gegenüber einen leichten Gesprächseinstieg. Falls der andere nicht vollkommen begriffsstutzig und auch kein Kommunikationsmuffel ist, kann er auch schon nach Ihrem Statement »Ich habe mit

Hendrik in Heidelberg Medizin studiert« mit Ihnen ins Gespräch einsteigen. Wenn er möchte … und wenn er's kann.

Aber machen Sie ihm den Gesprächseinstieg doch leichter. Schließen Sie nach Ihrem Statement sicherheitshalber mit einer Frage ab. In dem Fall »muss« der andere reagieren und der Small Talk ist eröffnet. Falls Sie (wie wir in unserem Beispiel) den Gastgeber als Aufhänger wählten, ist die am nächsten liegende Frage: »Und woher kennen Sie Hendrik Hansen?«

In der Regel wird Ihre Frage in engem Zusammenhang zu Ihrem Statement stehen. Und schon haben Sie den Einstieg geschafft!

ÜBUNG

Also, wofür stehen die vier Buchstaben BASF?

____

____

____

____

Hinein in die Spielpraxis

Schauen Sie sich im Folgenden unsere Anregungen für einen Small-Talk-Start und eine Art Einstiegssystematik an. Einmal mehr werden Sie erkennen, wie einfach es ist, mit anderen ins Gespräch zu kommen, wenn Sie sich der gängigen Spielzüge voll bewusst geworden sind und wissen, wie man diese erfolgreich anwenden kann:

Es gibt *situative*, also *situationsbezogene Einstiege* und *befindlichkeitsbezogene Einstiege* bzw. auch noch *eine Kombination aus beidem*. Diese können *Sie selbst* oder *Ihr Gegenüber* betreffen bzw. wieder *eine Kombination aus beidem* sein.

Vielleicht klingt das im Augenblick für Sie doch noch etwas verwirrend, aber die folgenden Beispiele zeigen, worauf wir hinauswollen.

Eine Möglichkeit ist es, über die Situation oder Umgebung zu sprechen, in der Sie sich gerade befinden, und darüber, wie Sie diese erleben. Ihr Statement könnte dann lauten:

Dieses Jahr haben wir aber einen sehr schönen Sommer!

Logisch: Sie werden diese Äußerung (Statement) ja nicht gerade von sich geben, wenn der Kalendermonat Februar ist und es dichte Schneeflocken schneit!

Bei diesem Einstiegs-Statement handelt es sich also um eine *situationsbezogene* (»schöner Sommer«) und weniger um eine *befindlichkeitsbezogene Kombinations*-Einstiegs-Äußerung (»wir haben«), obwohl selbst auch davon etwas drin enthalten ist: Sie erleben den Sommer als schön, z.B. warm/sonnig.

Ein befindlichkeitsbezogener Einstieg könnte so formuliert sein:

Ich finde den Sommer ganz toll, weil ich die Wärme so liebe.

Weitere Beispiele sind:

- *Was für ein herrlicher Sonnenuntergang!* (situationsbezogen)
- *Ich finde, das ist einer der schönsten Sonnenuntergänge, die ich je gesehen habe* (hier als Statement mit starkem Befindlichkeits-Anteil)
- *Welch ein gewaltiger Berg!* (situationsbezogen)
- *Was für ein Gebäude! Wow ... Das macht mich ganz schwindlig* (situationsbezogen + befindlichkeitsbezogen)

ÜBUNG

Stellen Sie sich vor, Sie müssten oder wollten in der Situation, in der Sie sich gerade mit Ihrem Buch befinden, einen Small Talk beginnen (wenn Sie allein auf dem Sofa sitzen, stellen Sie sich vor, Sie unterbrechen die Lektüre und begegnen auf dem Weg zum Briefkasten Ihrer Nachbarin ...).
Versuchen Sie einen situationsbezogenen Gesprächseinstieg.
Versuchen Sie einen befindlichkeitsbezogenen Einstieg.
(Sprechen Sie laut vor sich hin!)

Wenn Sie diese Sätze mit einem gewissen Enthusiasmus hervorbringen, dann wird Ihr Gegenüber (vielleicht steht die Person auch seitlich von Ihnen) schon sehr wahrscheinlich in irgendeiner Form dazu Stellung nehmen, z.B. in dieser Form:

Stichwort Sommer:

Na, ich weiß nicht. Ich komme aus Hamburg, und da war das Wetter bisher nicht so berauschend. Sie hatten hier in Freiburg wohl mehr Glück.

Oder Stichwort Sonnenuntergang:

Ja, stimmt. Ich werde auch immer ganz sentimental bei solchen perfekten Sonnenuntergängen.

Oder Stichwort Berge:

Da geht es mir genau wie Ihnen. So riesig hatte ich mir den Montblanc nicht vorgestellt!

Oder Stichwort Gebäude:

Ja, Sie haben Recht. Diese Architektur ist wirklich beeindruckend!

ÜBUNG

Stellen Sie sich vor, Sie sind der oder die Angesprochene.
- Was erwidern Sie auf eines der genannten situationsbezogenen Statements?
- Was erwidern Sie auf eines der befindlichkeitsbezogenen Statements?

(Auch hier und bei den folgenden Übungen bitte laut sprechen!)

So oder ganz ähnlich klingen möglicherweise die kommunikativen Versuche Ihres Gegenübers, wenn dieser Ihr Small-Talk-Einstiegsangebot aufnehmen möchte.

Sie können auf Ihre Beobachtungen, auf Ihr Anfangs-Statement (situationsbezogen) natürlich auch gleich eigene Gedanken oder Wünsche (Befindlichkeiten) folgen lassen:

Was für ein schickes Auto! So eins hätte ich auch gerne!

Damit liefern Sie dem anderen noch wesentlich mehr Anknüpfungspunkte. Er kann Ihnen zustimmen oder protestieren ... Noch einfacher machen Sie es ihm, wenn Sie nach Ihrem Statement eine gezielte Frage folgen lassen:

Was für ein schickes Auto! So eins hätte ich auch gerne! Sagen Sie bitte, sind Sie damit zufrieden? Können Sie das neue Modell wirklich empfehlen ...?

Ein anderer Einstieg greift eine imaginär gestellte Frage auf, die Sie dann auch noch sogleich beantworten könnten ...

- *Wenn ich das hier sehe, dann frage ich mich ...*
- *Wenn ich mir das anschaue, dann fällt mir ein ...*
- *Wenn ich so beobachte, wie die ..., dann denke ich oft ...*

... in der Erwartung, Ihr Gegenüber setzt sich dazu in Beziehung.
Vielleicht beginnen Ihre Statements auch gleich mit einer »Ich«- oder Befindlichkeitsaussage:

- *Ich fürchte ...*
- *Ich hoffe ...*
- *Ich brauche ...*
- *Ich wünschte mir jetzt ...*

Ein anderer Einstieg ist die direkte Ansprache:

- *Sie sehen so aus, als ob Sie ...*
- *Sie geben mir das Gefühl, dass ...*
- *Sie haben so wunderbar warme Hände ...*
- *Der Motor Ihres Autos macht so einen Sound ...*

ÜBUNG

Versuchen Sie in der Small-Talk-Ausgangssituation, in der Sie sich imaginär gerade befinden, einen solchen aus situations- und befindlichkeitsbezogenen Äußerungen kombinierten Einstieg. (Bitte laut!)

Auch mit diesen Botschaften starten Sie ein Gespräch, denn der andere wird sehr wahrscheinlich in irgendeiner Form reagieren. Insbesondere dann, wenn Sie ganz offensichtlich in seine Richtung gesprochen haben. Also murmeln Sie Ihr Statement nicht vor sich hin, sondern richten Sie Ihre Worte (Statement, Kommentar, Gedanken etc.) deutlich an die Person, mit der Sie reden wollen.

Oh, ich wäre da nicht so pessimistisch an Ihrer Stelle. Es spricht einiges dafür, dass ...

oder

Ja, ich hoffe auch, dass … durchsetzen wird!

könnten mögliche Antworten Ihres Gegenübers sein.

Aber wie schon im Zusammenhang mit der *BASF-Formel* gezeigt, ist es häufig sinnvoll, seinem Statement (Kommentar etc.) gleich eine Frage anzuschließen. Sie beschreiben also, was Sie sehen, hören oder fühlen, und erkundigen sich, wie denn nun der andere die Situation erlebt, empfindet, beurteilt.

Ich fürchte, unser Zug hat 15 Minuten Verspätung. Ob wir wohl pünktlich in München ankommen? Ich muss meinen Anschlusszug nach Garmisch bekommen. Mein Mann will mich dort abholen. Was meinen Sie? Haben wir noch eine Chance, die Verspätung aufzuholen und halbwegs pünktlich einzutreffen?

Jetzt ist Ihr Gegenüber an der Reihe. Und was auch immer sich aus der Antwort bzw. Einschätzung Ihres potenziellen Small-Talk-Partners ergibt, an diesem Punkt angekommen, könnten Sie auf jeden Fall weitermachen:

Wie ist das bei Ihnen? Müssen Sie auch noch umsteigen oder fahren Sie nur bis München?

ÜBUNG

Versuchen auch Sie es jetzt mit einer sofort angehängten Frage!

Falls Sie beim Lesen dieser Zeilen gedacht haben: »Warum werden hier solche banalen Dinge wie Gespräche im Bahnabteil angesprochen? Das ist doch selbstverständlich, dass man sich mit den Mitreisenden unterhält!«, dann sind Sie unter Umständen länger nicht mehr mit dem Zug gefahren. Wir beobachten es immer wieder, wie Reisende sich gegenseitig anschweigen und sich im Stillen wünschen, das Abteil für sich allein zu haben. Ob wir mit unserem Eindruck allein dastehen, dass Sprachlosigkeit und Angst vor Gesprächen in den letzten Jahren zugenommen haben?

Sehr oft wird diese Haltung als Coolness »verkauft«. »Hey, ich bin viel zu hip, als dass ich meine Zeit für ein Gespräch mit Ihnen verschwenden würde!« Aber auf dieses Phänomen gehen wir ausführlicher unter den Stichworten Arroganz, Unsicherheit und Angst ein. Man sollte ruhig davon ausgehen, dass sich die allermeisten Menschen (wenn auch nicht alle) freuen, wenn man sie aus dieser selbst auferlegten Isolation befreit. Oft genug werden Sie erleben, wie der vermeintlich Stumme plötzlich aufblüht und sich über Ihr Gesprächsangebot freut. Probieren Sie es aus!

Wichtig ist, sein Gegenüber mit einzubeziehen. Es ist zwar traurig genug, dass man unter Umständen seinen Anschlusszug verpasst, aber der andere interessiert sich verständlicherweise eher dafür, was die Verspätung für ihn selbst bedeutet. Das mag manch einer egoistisch finden, wir nennen es menschliche Natur. Mit anderen Worten: Aus Ihren Bemerkungen sollte hervorgehen, dass Sie auch Anteil nehmen am »Schicksal« des anderen. Deshalb bieten sich folgende Formulierungen an:

- *Ich mache mir Sorgen, ob WIR …*
- *Ich beobachte dies schon eine ganze Weile. Was sagen SIE dazu?*
- *Ich habe kürzlich gelesen, dass … Haben SIE auch davon gehört?*

ÜBUNG

Wie beziehen Sie Ihr Gegenüber im Bahnabteil ein, wenn Sie sich gerade über die höchstwahrscheinlich verspätete Ankunft Gedanken machen?

Eine andere sehr gute Möglichkeit, miteinander ins Gespräch zu kommen, sind Komplimente. An anderer Stelle gehen wir noch ausführlicher darauf ein, worauf hier zu achten ist. In diesem Zusammenhang also nur das Grundprinzip. Wenn Sie auf Nummer sicher gehen wollen, versuchen Sie es mit folgenden freundlichen, leicht schwärmerischen Äußerungen:

- *Ich bewundere Sie/Ihre Kette/Ihren Partner/Ihr Kind/Ihr Auto schon längere Zeit und …*
- *Ich mag die Farben Ihres Kleides!*
- *Ich bin ganz fasziniert, wie Sie …*
- *Sie sind so talentiert, wie Sie das gemacht haben, ich …*
- *Sie wirken so stark, ich könnte mir vorstellen …*

ÜBUNG

Mit welchem Kompliment erfreuen Sie Ihren Gesprächspartner?

Ob man an Komplimente eine Frage anschließt, ist von Fall zu Fall zu entscheiden. Häufig stehen Komplimente für sich, eine Anschlussfrage wäre fehl am Platz. Auf das bewundernde »Ich mag die Farben Ihres Kleides!« sollten Sie als Frau nicht unbedingt die Frage »Wo haben Sie das denn gekauft?« folgen lassen. Falls es wirklich so ein ausgefallenes Stück ist, wird die Angesprochene nicht wollen, dass Sie am nächsten Tag losrennen und nach eben diesem Modell Ausschau halten.

Falls Sie jemanden ansprechen möchten, dessen Äußeres Ihnen keinen Anknüpfungspunkt liefert, dann bieten sich immer noch die folgenden nicht ganz originellen Einleitungen an:

- *Ich bin mir jetzt nicht sicher, kennen wir uns nicht von …*
- *Sagen Sie bitte, haben wir uns nicht schon mal (da und dort) getroffen …*
- *Es kommt mir so vor, wie wenn wir uns …*
- *Ich dachte, ich hätte Sie schon mal bei/in … gesehen!*
- *Sind wir uns nicht schon mal hier/dort begegnet?*

Im Idealfall kommt Ihnen das Gesicht des anderen wirklich bekannt vor, oder Sie verfügen über eine gesunde Portion Charme. Noch besser ist die Kombination aus beidem. Wenn die Frage »Kennen wir uns nicht irgendwoher?« nicht halbwegs glaubwürdig rüberkommt, klingt sie doch sehr nach billiger Anmache der Kategorie »Haben Sie mal Feuer?«, »Entschuldigung, wie spät ist es?« oder »Kommen Sie öfter hierher?« Aber was lästern wir eigentlich: Wenn diese Sätze ein interessantes Gespräch in Gang bringen, sind sie keinesfalls zu dumm, um geäußert zu werden. Insbesondere dann nicht, wenn Sie einen leicht schelmischen Unterton haben, zum Beispiel durch die Einleitungsformulierung: »Ich könnte jetzt sagen …« Ergo: Der Zweck heiligt die Mittel.

Vielleicht möchten Sie auch ganz einfach nur Ihrer Neugier freien Lauf lassen. Nennen wir es ruhig »Ausfragungen«. Nicht mit jeder persönlichen Frage dringt man in die Intimsphäre vor. Die folgenden Fragen beantworten die meisten Menschen gerne. Immerhin beweisen Sie mit diesen Erkundigungen, dass Sie sich für Ihr Gegenüber interessieren, und das wird fast immer als schmeichelhaft empfunden. Wenn Sie das Ganze auch noch eingeleitet haben mit einer Aussage zu Ihrer Person, Wohnort, Herkunft, Berufausbildung, Familiensituation etc., dürfte es Ihrem Gegenüber leichter fallen zu antworten.

- *Woher kommen Sie?*
- *Wo sind Sie aufgewachsen?*
- *Wo haben Sie studiert/Ihre Ausbildung gemacht?*
- *Haben Sie Geschwister/Kinder/noch Eltern ... Haustiere?*
- *Haben Sie Erfahrungen in/mit ...?*

ÜBUNG

Welche gern gehörte Frage fällt Ihnen ein?

Wer ein scheinbar vertrauliches Verhältnis zu der Person aufbauen will, die er eben erst kennen gelernt hat, kann auch eine sehr persönliche Einschätzung preisgeben. Aber Vorsicht: Nirgendwo stehen die Fettnäpfe so dicht beieinander, kaum etwas verlangt so viel Fingerspitzengefühl. Aufrichtigkeit im richtigen Moment ist eine bewundernswerte Tugend, und natürlich hat man das Recht auf profilierte Ansichten, die man zu gegebener Zeit auch durchaus kundtun sollte. Aber ob man auf einem Empfang ausgerechnet die Dame neben einem mit kritischen Vertraulichkeiten beglücken muss? Wer weiß, vielleicht ist es die Ehefrau des Gastgebers.

Mit den folgenden Formulierungen möchten wir Ihnen ganz bestimmt keine Anregungen für eigene Gesprächseinstiege geben. Wenn solche Kommentare nicht immer wieder zu den unterschiedlichsten Anlässen fielen, würden wir sie bestimmt nicht erwähnen. Wir haben bereits darauf hingewiesen: Im Small Talk mit Menschen, die man gerade erst kennen lernt, sollte es nicht darum gehen, durch Ironie, Kritik oder Beleidigungen zu beweisen, wie cool man doch ist oder dass man schon Schöneres erlebt hat. Small-Talk-Einstiege sollten einen positiven, freundlichen Tenor haben. Auf die folgenden Äußerungen verzichtet man also lieber:

- *Ich muss Ihnen gestehen, irgendwie mag ich hier niemanden …*
- *Ich glaube, dies ist die langweiligste Feier, die ich jemals besucht habe …*
- *Ich finde die Musik schrecklich, das Essen ungenießbar und …*

… doch selbst diese exponierten Statements können Ihnen einen Einstieg in den Small Talk eröffnen, wenn Ihr Gegenüber damit umzugehen weiß.

Immer wieder erfolgreich mit der Einstiegsfrage Nummer 1

Natürlich findet Small Talk nicht nur zwischen Menschen statt, die sich bisher nicht kannten. Ob mit Kollegen, Bekannten, Nachbarn oder Freunden, vieles von dem, was wir an- und besprechen, hat Small-Talk-Charakter, etwa 70 Prozent dessen, was wir so an einem Tag von uns geben. Auch wenn man zufällig Bekannte trifft, die man eventuell etwas länger nicht gesehen hat, ist typischerweise Small Talk angesagt. Und der sieht dann oft genug so aus:

»Schönen guten Tag, Herr Ohm, lange nicht gesehen, wie geht es Ihnen?« »Danke, gut. Und selbst?« »Auch gut, danke der Nachfrage.« Und schon ist der Gesprächsstoff ausgegangen, dabei könnte es jetzt erst richtig interessant werden – selbstverständlich nur, wenn das beide wollen und wenigstens einer die Initiative übernimmt. Dann lässt sich aus der einfachen Frage »Wie geht's denn?« ein angenehmer Small Talk entwickeln, der vielleicht sogar in ein intensives Gespräch übergeht.

6 Der Erfolg versprechende Gesprächseinstieg

Wenden wir uns dieser typischen Standardfloskel und Begrüßungsfrage noch ein wenig genauer zu. Ihr Einsatz passt nur, wenn die beiden Personen sich bereits kennen: Die Antwort »Danke, gut« wäre nur angemessen, wenn a) Sie Ihrem Gegenüber möglichst schnell entkommen wollen oder b) es Ihnen nichts ausmacht, als einsilbiger Zeitgenosse zu gelten. Falls Sie selbst der Fragende sind, erweitern Sie doch die Standardformel »Wie geht's?« um Zusatzfragen: »Wie ich von Frau Müller erfahren habe, sind Sie vor kurzem Opa geworden. Ist es Ihr erstes Enkelkind? Junge oder Mädchen?«

Strategie dabei: Auf etwas zurückzugreifen, was der augenblicklichen Situation angemessen ist. Hier in diesem Beispiel war es die Nachricht von der Geburt eines Enkels, die dem »Wie-geht's«-Frager einfiel. In einem beruflichen Zusammenhang ist es vielleicht eher angezeigt, sich nach dem Fortschritt eines Projektes zu erkundigen oder nach dem Stand der Entscheidungsfindung bei der Bewältigung eines technischen Problems, also eine Frage zu kreieren, die das gemeinsame Interesse, die »Klammer« (hier etwas

Berufliches, Arbeitstechnisches) zwischen zwei Gesprächspartnern hervorhebt. Abhängig ist das natürlich besonders davon, wen Sie wo, wann und unter welchen Umstanden treffen und wie es Ihnen dabei selbst geht, was Ihnen in dieser Situation spontan einfällt.

Nehmen wir an, auf dem Weg zur Kantine kommt Ihnen ein ehemaliger Kollege entgegen. Hier ist Ihr Small-Talk-Verhalten sicherlich anders, als wenn Sie Ihrem zukünftigen Abteilungsleiter und Vorgesetzten begegnen, der zum nächsten Monatsanfang Ihre Arbeitsgruppe übernehmen und neu organisieren wird.

Bei Ihrem ehemaligen Kollegen könnte sich der »Wie-geht's«-Start so anhören:

»Mensch, Herr Müller, dass ich Sie mal wieder hier treffe, das ist ja schön. Und wie geht's? Was machen die Geschäfte ..., was macht ...?« Eine ganze Salve von Fragen, aus denen sich der Angesprochene leicht etwas auswählen kann.

Mit Ihrem zukünftigen Vorgesetzten mag es vielleicht eher so klingen: »Hallo, guten Tag, Herr Schmidt! Wie geht es Ihnen? Gut gespeist? Sie kommen gerade vom Essen. Was können Sie meinem Kollegen und mir denn heute empfehlen?«

Sicherlich würden Sie diese Situation sprachlich-inhaltlich anders gestalten, wenn Sie die beiden Personen in einem ganz anderen Umfeld, zum Beispiel außerhalb der Arbeitswelt – sagen wir mal in einem Konzert – anträfen. Aber auch da gäbe es die Möglichkeit, die eher floskelhafte Frage nach dem Wohlergehen wieder situativ zu kombinieren:

»Guten Tag, Herr Müller – wie schön, Sie hier in der Philharmonie zu treffen – Wie geht es denn? Sie sind ein Freund der Klassik? Ich hoffe, Sie sind mit dem Konzert zufrieden. Meine Frau und ich haben gerade festgestellt ...«

Anders bei Ihrem zukünftigen Vorgesetzten, Herrn Schmidt: »Einen wunderschönen guten Abend, Herr Schmidt. Ich bin überrascht und erfreut, Sie hier zu treffen. Wie geht es Ihnen? Sie lieben auch die Musik von ... ?«, und je nachdem, ob Sie den Small Talk ausweiten wollen oder nicht, enden Sie schneller oder später mit: » Na dann, einen schönen Abend noch.« Sie merken, die Frage nach dem Wohlergehen rückt immer stärker in den Hintergrund.

Träfen Sie beide Personen zufälligerweise im Ausland auf einer Urlaubsreise, beispielweise auf einem Markt, hätten Sie auch dort die Gelegenheit, mit der »Wie-geht's«-Startfrage die gleiche Einstiegszeremonie zu praktizieren und dabei zu steuern, wie weit Sie in das Small-Talk-Gespräch einsteigen wollen. Im Falle von Herrn Müller:

»Mein Gott, das kann ja wohl nicht wahr sein! Treffe ich ihn hier, den guten Herrn Müller, meinen geschätzten, ehemaligen Kollegen aus der Abteilung A 13, Mannomann, Herr Müller, wie geht es Ihnen, was machen Sie hier?« Und ohne Problem könnten Sie noch einige Fragen gleich hinterherschieben (wo sind Sie untergekommen, mit welchem Reiseveranstalter sind Sie hier, das erste Mal oder ...)

Bei einem zufälligen Treffen mit Herrn Schmidt würde das Ganze sicherlich nicht so locker ablaufen. Und doch ist es auch hier angemessen, sich dem anderen freundlich verbunden zu zeigen: »Na, das ist ja eine Überraschung, Herr Schmidt, hier mitten auf dem Mark von Marrakesch. Die Welt ist doch klein. Wie geht's, wie steht's, Herr Schmidt? Sie verbringen Ihren Urlaub in Marokko?«

ÜBUNG

Welche Frage würden Sie anhängen? Stellen Sie sich vor, Sie treffen auf dem Bahnhof einer Stadt, die Sie aus beruflichen Gründen besucht haben, einen ehemaligen Kollegen.

Wenn Sie Ihrerseits den »Wie geht's« fragenden Gesprächspartner zu weiteren Nachfragen anregen wollen, antworten Sie nicht mit »Danke, gut«, sondern zum Beispiel mit »Oh, vielen Dank, mir geht's wirklich hervorragend ...« Bei solch einer Äußerung wird sich wohl kaum jemand zurückhalten können, Sie zu fragen, ob es dafür einen besonderen Grund gibt! Sie ersetzen die Standard-Antwort »Danke, gut« durch das individuellere »Mir geht's wirklich prima«, und schon kann der Small Talk wesentlich interessanter werden, vorausgesetzt, Ihr Gegenüber greift diese Bemerkung auf. Wenn nicht, können auch Sie jetzt zu einer Gegenfrage übergehen. » Und Ihnen, wie geht's denn selbst, alles okay?«

Falls Sie Details aus der jüngsten Vergangenheit Ihres Gegenübers kennen oder auf den jetzigen Augenblick eingehen wollen, dürfen Sie auch gezielt danach fragen bzw. selbst ein Statement wie beispielsweise dieses einbringen: »Danke, gut! Ich bin gerade dabei, mir einen neuen Wagen zu kaufen ...«

Mit Ihrer Antwort können Sie übrigens gleich versuchen, den weiteren Gesprächsverlauf zu steuern: »Danke, ich kann nicht klagen. Allerdings gibt es vor der Konfirmation meiner Tochter noch viel zu erledigen. Ich habe mir ein ganz besonderes Geschenk überlegt.« Oder: »Danke, super! Wir haben endlich das ideale Haus gefunden, ich hatte die Hoffnung schon fast aufgegeben!«

Diese Aussagen bieten einen wunderbaren Anlass zu Nachfragen: »Verraten Sie mir, was Sie Ihrer Tochter schenken?« oder »Wo liegt denn das Haus? Wie viele Zimmer hat es und wie sieht der Garten aus?« Vielleicht übersieht der andere Ihren Wink mit dem Zaunpfahl und möchte lieber etwas von sich berichten, indem er auf Ihre Frage nach seinem Befinden antwortet: »Mir geht's mäßig; in letzter Zeit habe ich öfters Probleme mit meinem Geschäftspartner (Schwester, Vater, Vermieter, Mitarbeiter, Vorgesetzter ...)« Das Blatt hat sich gewendet, die andere Person bringt ein anderes Thema mit weiteren Anknüpfungspunkten ins Spiel – Small Talk bringt halt immer Überraschungen mit sich!

ÜBUNG

Und wie lautet Ihre »Wie-geht's«-Alternative?

Natürlich können Sie sich auch eine Variation der Standardfrage »Wie geht's?« überlegen. Mit »Alles okay?« oder »Hi, wie läuft's denn so?«, »Alles im grünen Bereich ...«, »Alles im Lot?« können Sie Ihren Gesprächspartner auch ziemlich überraschen und gute Laune erzeugen, sofern Sie sich in einem vertrauten, informellen Umfeld bewegen. Es bietet sich als willkommene Alternative zu den gängigen abgeleierten Standardfloskeln an.

Alternativ könnten Sie zur »Wie-geht's?«-Einstiegsfrage auch mal das probieren:

- »Schön, Sie (mal) wieder zu sehen ... und gerade/ausgerechnet hier und heute!«
- »Oh – herzlich willkommen in ...«
- »Danke, dass Sie gekommen sind ... ich freue mich, Sie hier zu sehen/ zu treffen.«
- »Guten Tag, Herr X ... ich wünsche Ihnen einen guten Einkauf/ einen anregenden Abend/Musikgenuss ...«

Welcher Small-Talk-Typ sind Sie?

Aus eigener Erfahrung wissen Sie: Menschen zeigen ein ganz unterschiedliches Small-Talk-Verhalten. Der eine redet beinahe stundenlang (so kommt es einem jedenfalls vor) über Dinge, die niemanden interessieren, und lässt dabei keinen anderen zu Wort kommen (schlecht!). Dem anderen kann man kaum ausführlichere Antworten als »Ja«, »Nein«, »Vielleicht« oder »Schön« entlocken (auch ganz schlecht!). Mit anderen Worten: Es gibt eine Vielzahl von Möglichkeiten, sich im Gespräch zu präsentieren. Dies haben Sie sicher spätestens im Zuge der hier ausprobierten Übungen sehr deutlich wahrgenommen.

Denken Sie einfach an Menschen in Ihrem Bekanntenkreis, an Talkshows im Fernsehen oder Interviews im Radio, und überlegen Sie, wessen Gesprächsstil Sie bewundern. Versuchen Sie anschließend zu beschreiben, was genau Sie am Kommunikationsverhalten dieser Menschen bewundern.

Ein Beispiel: Meine Kollegin Manuela kann sich sehr gut auf die unterschiedlichsten Menschen einstellen. Außerdem gelingt es ihr, ganz alltägliche Ereignisse spannend zu schildern. Sie hat ein Gespür dafür, wann sie andere zu Wort kommen lassen sollte, und kann über sich selbst lachen. Ihr leichter Sarkasmus sorgt dafür, dass Gespräche mit ihr niemals langweilig werden.

Was wir soeben beschrieben haben, ist eine Mischung aus verschiedenen Kommunikationsstilen. Schauen Sie sich im Folgenden die sechs Small-Talk-Gesprächstypen an, zwischen denen die Kommunikationstrainerinnen Laurie Schloff und Marcia Yudkin[1] in ihrem Buch *Smart Speaking* unterscheiden:

1. Der Forschende:

Er wirkt sehr stark interessiert, geradezu wissbegierig – aber selten ist es ein wirklich wissenschaftliches oder intellektuelles Interesse, sondern eher eine allgemeine Aufgeschlossenheit. Vielleicht manchmal auch nur ein bisschen Neugierde, aber nicht richtig unangenehm. In jedem Fall ist dieser Typ Small Talker immer an allem und jedem interessiert und stets offen, mehr zu erfahren und es sich auch (nahezu ungehemmt) zu erfragen. Extrovertiertheit ist sein persönliches Markenzeichen, eine klare Orientierung nach außen, hin zum Mitmenschen. Auch körpersprachlich wirkt er so, zeigt oft eine aufnehmende, etwas zum Gegenüber vorgebeugte Haltung. Wirklich nicht unsympathisch, dieser Zeitgenosse. Mit ihm kommt man völlig unkompliziert ins Gespräch. Dieser Typus hat schnell ein Statement oder einen Kommentar bei der Hand und schon eine erste Frage an sein Gegenüber. Und auch um eine weiterführende Frage nicht verlegen, macht er es einem ziemlich leicht, gut ins Gespräch einzusteigen. Er liebt es, sein Gegenüber durch Fragen zum Reden zu bringen. Dabei fragt er nicht nur immer wieder neu und nach, sondern kann auch angemessen zuhören. Seine ganze Aufmerksamkeit gehört in so einer Situation seinem Gesprächspartner, und obwohl der Forschende selbst kaum etwas über oder von sich sagt, wird er von den meisten Menschen als sehr angenehm bis faszinierend beschrieben. Ein guter Zuhörer, der über die Befähigungen eines erfolgreichen Schatzsuchers verfügt, den Spürsinn eines Detektivs hat. Und wer möchte nicht gern als Schatz entdeckt werden und die ganze Aufmerksamkeit genießen?

Sein Einleitungs- und Aufforderungs-Lieblingssatz beginnt häufig mit einer Feststellung (könnte aber auch eine Mutmaßung sein oder eine direkte Frage), um dann sein Gegenüber aufzufordern, (mehr) zu erzählen:

- »Sie waren kürzlich in Sardinien. Erzählen Sie mir/uns doch bitte, wie es Ihnen da gefallen hat ...«
- »... sowieso und sowieso finde ich ja sehr interessant. Gibt es da dieses oder jenes, auch soundso ...«
- »Wie sehen Sie denn dieses oder jenes, wenn ich Sie mal so direkt fragen darf ...«
- »Was meinen Sie denn zu ....«

2. Der Plauderer:

Dieser Typus strahlt seine Rolle selbst dann aus, wenn er allein ist und schweigt, was beides selten vorkommt. Er liebt und lebt für den Kontakt, für die Kommunikation. Manchmal schon ein bisschen um ihrer selbst willen, weniger weil sein Gegenüber so besonders viel Interessantes zu erzählen hat. Und eigentlich erzählt er auch am liebsten selbst, jedoch nicht langatmig, verbohrt oder gänzlich rücksichtslos, nein, eher leicht, seicht und trotzdem jederzeit noch sympathisch, wenn auch bisweilen ein bisschen sehr an der Oberfläche. Er versteht es jedoch, den Ball immer noch rechtzeitig wieder abzugeben, seinem Gegenüber zuzuspielen, um letztlich doch im Gespräch zu bleiben. Allein würde es sich ja auch nicht so nett plaudern lassen. Mit

Leichtigkeit führt er (stunden)lange Gespräche mit jedem Lebewesen, das den Mund bewegen kann und Ohren hat. Denn: Dem Plauderer ist wichtig, dass die Unterhaltung im Gang bleibt. Er kann sich anpassen, kein Problem. Um Inhalte geht es ihm dabei deutlich weniger, was nicht bedeutet, dass es niveaulos zugeht in den Gesprächen. Ein wirklich guter Zuhörer ist er nicht, aber auch kein hoffnungsloser Fall von Selbstdarstellungssucht und Egozentrik. Da gibt es weit schlimmere Typen. Er will nur von den meisten für liebenswürdig gehalten werden, und dieses Ziel erreicht er durchaus.

Sein Einleitungs- und Lieblingsstartsatz beginnt mit den Worten:

- »Oh, haben Sie schon gehört, interessant nicht wahr, dass…«
- »Da fällt mir ein, ich muss Ihnen mal dieses oder jenes geben, empfehlen, erzählen etc.«
- »Ach, wissen Sie, ich persönlich, würde, habe, meine, denke, sage immer …«
- »Finden Sie nicht auch, dass …«

3. Der Geschichtenerzähler:

Er liebt es und möchte dafür vom Gegenüber geliebt werden, das Geschichtenerzählen. Zu jedem Gesprächsthema kann er eine eigene Geschichte beisteuern und so wartet er nur auf das richtige, für seine Geschichte günstigste Stichwort. Dadurch bestimmt er schlussendlich, was sein Gegenüber oder alle in einer Gruppe sich anhören müssen. Die Gefahr besteht, dass andere kaum noch zum Zuge kommen, mit der Zeit verstummen, wenn er immer und immer wieder weit ausholt und erzählt, sich beinahe in den eigenen Schilderungen verlierend. Dass er wirklich viel zu erzählen hat und es vor allem gerne tut, wird schnell deutlich. Anfangs ist das auch noch häufig ziemlich interessant. Sein Repertoire scheint unerschöpflich, fast jedes (Stich-)Wort kann Vorlage zu einem seiner Beiträge, »Geschichtkens«, Anekdoten, manchmal auch Zoten werden. Auf Dauer jedoch ist es eher ermüdend und schlimmstenfalls langweilig bis unerträglich, besonders wenn ihm bei seinen Schilderungen jegliches Gespür für Zeit und Länge, für spannende Themen und Dynamik fehlen. Und das ist so selten leider nicht, so dass die, die ihn schon besser kennen, gerne Reißaus nehmen, jedenfalls wenn es sich um ein ausgeprägtes Exemplar dieses Typus handelt. Der Geschichtenerzähler gefällt sich selbst am besten, und das verstärkt seine Leidenschaft, weiter zu erzählen, während er die Leiden seiner Zuhörerschaft (Langeweile, Desinteresse) selten, eigentlich nie bemerkt. Außer wenn es zu spät ist und er alleine dasteht. Sensibel ist er nicht und auch kein guter Zuhörer. Es wäre schon etwas angenehmer und für ihn erfolgreicher, er würde sich selbst und sein Bedürfnis nach Kontakt nicht zu sehr in den Mittelpunkt seiner Ausführungen stellen.

Sein Einleitungs- und Lieblingsstartsatz beginnt mit:

- »Das erinnert mich an die Zeit, als...«
- »Da muss ich Ihnen jetzt mal die Geschichte erzählen, wie ich ...«
- »Wenn Sie mich fragen, ich ...«
- »Also, wissen Sie, ich kann Ihnen nur sagen, raten, empfehlen...«

12 Häppchen-Taktik und Geschichten

4. Der Einfühlsame:

Vielleicht sollten wir lieber von »der Einfühlsamen« sprechen, denn es sind eher Frauen (oder Psychologie- bzw. Sozialarbeit-Studenten), die aufmerksam und mitfühlend zuhören und die mit ihrer Empathie andere dazu bewegen, sich zu öffnen. Ihnen wird im Small Talk oft sehr Persönliches anvertraut. Ohne Schwierigkeiten verwickeln Einfühlsame ihr Gegenüber in längere, tief gehende Gespräche, gewinnen schnell Sympathien und damit das Vertrauen ihres Gesprächspartners. Sie sind gute Zuhörer(innen) und haben eine deutlich ausgeprägte Sensibilität, verfügen über feine Antennen, worum es gerade geht, was ihr Gegenüber wirklich beschäftigt. Und sie verstehen etwas von Psychologie, wissen, wie man sich in einen Menschen so richtig »tief eingraben« kann. Wer längere Zeit ohne warme Emotionalität(sdusche) gelebt hat oder leben musste, sich vielleicht ein bisschen einsam und allein fühlt, ist ihnen schnell verfallen. Schwache Menschen verlieben sich hoffnungslos oder vertrauen blind, noch Schwächere geraten in eine psychische Abhängigkeit, sind völlig schutzlos. Sie alle erleben den Einfühlsamen als Heilsbringer, als Seelsorger, als Therapeut, und sind verständlicherweise tief beeindruckt und sehr angetan.

Sein Einleitungs- und Lieblingsstartsatz beginnt etwa so:

- »Ich freu mich ja riesig, Ihnen hier zu begegnen, Sie werden es kaum glauben, also ich find das spitze ...«
- »Das ist ja Wahnsinn/fantastisch/ganz wunderbar, dass ich Sie heute hier sehe/treffe/erleben darf! Sie sehen ganz fantastisch/blendend/so glücklich aus, direkt beneidenswert, ich freue mich für Sie ...«

- »Wie schön, Sie wieder einmal zu sehen, das finde ich ja ganz ausgezeichnet, wie fühlen Sie sich ...«
- »Darf ich ehrlich zu Ihnen sprechen, Sie sehen so belastet aus, ich spür das, Ihnen geht es nicht so gut, gell?«
- Im weiteren Verlauf des Small Talks: »Das ist ja wirklich furchtbar! Ach nein, wie schrecklich!«
- (Alternativ: »Wie großartig! Das ist ja wunderbar, nein wirklich ...«)

5. Der Denker:

Er mag die geistige Auseinandersetzung, ist spezialisiert auf komplexe Themen, auf außergewöhnliche Meinungen, provokante Kontroversen sowie alle heißen Problemthemen und ihre möglichen Interpretationen. Politik, Philosophie, Religion, Geschichte und Psychologie: Was immer das Thema hergibt, was immer der Denker sagt oder antwortet, es klingt gut und wohl überlegt, selbst wenn man anderer Meinung ist. Leicht gelingt es ihm, die Dinge mit vermeintlich objektivem und intellektuellem Abstand zu betrachten, um dann einzelne Ereignisse in einen eventuell neuen, manchmal sogar überraschenden Gesamtzusammenhang zu stellen und seinem perplexen Gesprächspartner vorzuführen. Dabei will er dessen volle Aufmerksamkeit, ihn geistig beeindrucken und überzeugen. Sein höchstes Ziel: das Gegenüber einzubinden, vielleicht sogar mitzureißen ins Abenteuer Geist im Lande der Denker. »Wir stellen uns jetzt mal vor, es wäre so und so ...«, doziert er gerne. Bei allen Themen sucht der Denker stets die intellektuelle Herausforderung und möchte sprachlich brillieren, seinem Gegenüber imponieren. Aber auch das muss anerkannt werden: Er verfügt über ein profundes Allgemein- und Hintergrundwissen, und was er gedanklich anstößt, ist keinesfalls langweilig. Eine angenehme Small-Talk-Herausforderung, dieser Typ, und manchmal kann man etwas lernen.

Sein Einleitungs- und Lieblingsstartsatz beginnt mit der Anmerkung:

- »Finden Sie, dass es gerechtfertigt ist, hier dies oder das, so oder so zu sein, zu sagen, zu zeigen?«
- »Ich wundere mich, wie es zu diesem oder jenem kommen kann/konnte, wo es doch auf der Hand liegt, dass ...«
- »Wissen Sie, warum ...«
- »Man kann das Ganze auch so sehen ...«

6. Der Kreative:

Er spricht besondere Themen an und entwickelt Fragen, die den meisten erst gar nicht in den Sinn kommen würden. Der Kreative findet immer einen außergewöhnlichen Blickwinkel oder ungewöhnlichen Anknüpfungspunkt, um ein Gespräch zu eröffnen, und bleibt ansonsten, was sein Kommunikationsverhalten anbetrifft, eher schwer kalkulierbar. Eins jedoch ist klar: Vor allem will er überraschen, verblüffen, manchmal auch ein bisschen Verwirrung stiften. So – lautet sein Kalkül – macht er sich interessant, steigert seine Attraktivität und bekommt die für ihn wichtige Aufmerksamkeit und Zuwendung seines Gegenübers. Manch ein Gesprächspartner ist zu überrascht, gelegentlich sogar erschrocken und überfordert, als dass er/sie gleich antworten könnte. Aber die Aufforderung oder Provokation des Kreativen, Stellung zu beziehen, zu reagieren auf das, was gesagt oder gefragt wurde, wirkt nach. Und nach ein paar Minuten der Überlegung und Akklimatisierung beginnt dann vielleicht doch noch ein sehr anregender Austausch.

Typisch für seinen Einleitungs- und Lieblingsstartersatz wäre eine außergewöhnliche Frage:

- »Was würden Sie sagen/antworten, wenn ...«
- »Wenn Sie eine Pflanze/ein Tier sein könnten, welche wären Sie dann gerne?«
- »Ich habe einen Lieblingstraum, wollen Sie wissen, was für einen?«
- »Was würden Sie gerne in Ihrer Lieblingszeitschrift über sich lesen?«

Wie schon unser Beispiel am Anfang des Kapitels zeigte, findet man die einzelnen Typen kaum jemals in Reinkultur. Die meisten Gesprächspartner nutzen intuitiv mehrere der vorgestellten Einleitungsmuster. Vermutlich haben Sie beim Lesen der einzelnen Beschreibungen Menschen aus Ihrem Umfeld wiedererkannt, und bestimmt ziehen Sie gewisse Gesprächsstile anderen vor. Falls Sie möchten, können Sie Ihr eigenes Small-Talk-Verhalten verändern, indem Sie sich für zwei oder drei der vorgestellten Konversationsformen entscheiden und diese Einleitungsmuster in Ihren Small Talks der folgenden Wochen aktiv einsetzen. Dabei sollten Sie sich allerdings immer fragen, ob Sie sich mit den jeweiligen Gesprächseinstiegen wohl fühlen. Es macht keinen Sinn, sich als harmoniebedürftiger Mensch vorzunehmen, in Zukunft nur noch kontroverse Meinungen zu vertreten (siehe 5. Der Denker), oder als

Zurückhaltender lange Witze erzählen zu wollen (siehe 3. Der Geschichtenerzähler).

ÜBUNG

Versuchen Sie Gesprächseröffnungen in den drei Gesprächsstilen, die Ihnen am nächsten sind.

So treten Sie selbstbewusst auf

Natürlich will man in Small Talks dem anderen nicht nur sympathisch sein, sondern auch Selbstbewusstsein und Kompetenz ausstrahlen. Und in der Tat: Sie haben es in der Hand, welchen Eindruck Sie bei Ihren Gesprächspartnern hinterlassen: schüchtern oder selbstsicher, arrogant oder kumpelhaft, bescheiden oder angeberisch, verständnisvoll oder verbohrt, tolerant oder radikal. Wobei der Einzelne nicht auf eine einzige Rolle festgelegt ist. Wer freitags auf der Gartenparty bei Meiers blasiert erscheint, der mag sich sonnabends auf dem Empfang bei Kloppenburgs durchaus ganz bescheiden geben können.

Vielleicht fragen Sie sich, weshalb wir das Thema Selbstbewusstsein in diesem Buch über Small Talk ansprechen. Ganz einfach: Gespräche verlaufen harmonischer, wenn zwei gleichberechtigte, selbstbewusste Partner aufeinandertreffen. Fühlt sich der eine dem anderen unterlegen, wird der Small Talk schnell krampfig.

Nun lässt sich das Thema »Selbstbewusstsein und Selbstvertrauen« nicht in einer Minute abhandeln, und trotzdem können Sie blitzschnell herausfinden, wie es um Ihr eigenes Selbstvertrauen im Kontaktverhalten und Small Talk gestellt ist. Stellen Sie sich eine Zusammenkunft zahlreicher, Ihnen völlig unbekannter Menschen vor. Der Selbstsichere fühlt sich auf Anhieb wohl und ist überzeugt, dass jeder, der sich nicht mit ihm unterhält, eine ganze Menge verpasst. Der Unsichere fragt sich besorgt: »Hoffentlich finden mich die anderen nicht langweilig. Worüber soll ich bloß reden?«

Aber auch der Selbstbewusste agiert nicht in allen Situationen gleich souverän. Ob man sich in Gesprächen wohl und sicher fühlt, hängt auch wesentlich vom Gegenüber ab. Jede Unterhaltung hat ihr eigenes Kräfteverhältnis. Treffen Menschen mit vergleichbar ausgeprägtem Selbstbewusstsein aufeinander, ist das sicherlich die optimale Ausgangsposition.

Wer selbstbewusst auftritt, macht schneller Karriere, handelt ein höheres Gehalt für sich heraus, hat mehr Spaß im Job und kommt mit anderen leichter und besser ins Gespräch. Zweifelsohne: Ein gut ausgeprägtes Selbstbewusstsein ist äußerst hilfreich – auch wenn es um Small-Talk-Anfänge geht. »Sie können viel für sich selbst tun, um Ihr Selbstbewusstsein zu stärken und weiterzuentwickeln«, weiß Psychologin und Karriereberaterin Monika Bühler-Wagner[2].

Zusammen mit ihren Seminarteilnehmern erforscht sie die »Antreiber-Dynamik« jedes Einzelnen: »Antreiber sind Verhaltensweisen, die man unbewusst an den Tag legt und die beruflich uneffektiv sind«, erklärt die Psychologin. Wenn eine innere Stimme unablässig »Sei perfekt!« ruft, dann ist dies ein typischer »Antreiber«. Leider nur auf den ersten Blick kein schlechter: »Der Vorteil ist, dass man sehr gründlich arbeitet und viel Sinn für Vollkommenheit hat«, so Bühler-Wagner, und sie ergänzt: »Perfektionismus bringt aber den Nachteil mit sich, dass man bei der Prioritätensetzung Fehler macht.«

Einer der wirksamsten Hebel zur Steigerung des eigenen Selbstbewusstseins ist laut Bühler-Wagner »Marketing in eigener Sache«. Das funktioniert, genau wie die Werbung auch, via Kommunikation mit starken Bildern.

ÜBUNG

Versuchen Sie, Ihre Fähigkeiten in einem aussagestarken Bild zu kommunizieren.

»Wenn Sie also überlegen, was Ihre beruflichen Stärken sind, sollten Sie nicht aufzählen: ›Ich kann gut Bilanzen lesen!‹ Oder: ›Ich kann gut Budgets aufstellen!‹ Beschreiben Sie lieber, welche Projekte Sie realisiert haben«, rät die Psychologin. »Zum Beispiel: ›Ich habe das Dach des Schwimmbads konstruiert‹ – oder: ›Die neue Kollegin in der Abteilung hat mir als Einzige anvertraut, was in ihrer alten Firma wirklich passiert ist‹, um zwei eingängige Beispiele zu wählen.«

Viele Leute kommunizieren »in Defiziten«. Sie stellen eher heraus, was sie noch nicht erreicht haben und wo ihnen Kompetenzen fehlen. »Wechseln Sie doch auf die Erfolgsseite!«, ermutigt Bühler-Wagner ihre Seminarteilnehmer. »Sagen Sie sich: 80 Prozent sind in Ordnung! Was kann ich jetzt noch verbessern?«

Marketing in eigener Sache sollte nicht nur punktuell, sondern permanent betrieben werden. Dazu eignen sich im Berufsleben nicht nur Meetings oder Präsentationen, sondern natürlich auch die täglichen Telefonate und E-Mails ebenso wie die zahlreichen kleinen Gesprächsmöglichkeiten am Rande Ihres Arbeitsalltages.

Nicht nur für Small Talks gibt Bühler-Wagner folgende Tipps: Lernen Sie, sich sprachlich präzise auszudrücken, und zögern Sie vor allem nicht, das klar zu benennen, was Ihnen wichtig ist. Weg mit der Zögerlichkeit und dem Herumgestottere, Schluss mit den vielen weichen Füllwörtern wie »eventuell«, »vielleicht« oder »eigentlich«. Sie zeigen ein geringes Selbstbewusstsein und veranlassen Kommunikationspartner zu Reaktionen, die diese Unsicherheit auch noch bestätigen. Ein Teufelskreis, in den Sie nicht geraten sollten. Und außerdem: »Sprechen bzw. schreiben Sie darüber, was Sie erfolgreich getan haben.« So funktioniert Marketing in eigener Sache.

Wer es wagt, gewinnt an Selbstbewusstsein. Und das fällt Frauen immer noch deutlich schwerer als Männern. »Wenn es um berufliche Herausforderungen geht, neigen Frauen dazu zu sagen: Das kann ich nicht. Das traue ich mir nicht zu, dafür habe ich keine oder zu wenig Kompetenz«, hat die Karriereberaterin beobachtet. »Obwohl viele Frauen fachlich genauso gut sind wie die Männer, bleiben sie von vornherein in der zweiten Reihe.« Gerade hier aber gelte: Mut zum Risiko! Fehlendes Know-how kann man sich schließlich aneignen. Und wer mutig etwas riskiert, gewinnt auch an Selbstbewusstsein.

Menschen mit ausgeprägtem Selbstbewusstsein haben aber auch ihre Schattenseiten, glaubt die Chemnitzer Psychologieprofessorin Astrid Schütz[3] herausgefunden zu haben. Danach neigen Personen mit hohem Selbstwertgefühl dazu, ihre negativen Eigenschaften gern unter den Teppich zu kehren, sparen jedoch bei anderen nicht mit Kritik. Sie geben nur äußerst ungern ihre Schwächen zu und überschätzen die Sympathien, die ihnen von anderen entgegengebracht werden. Drei Gruppen unterscheidet Schütz in Sachen »Ego-Stärke«: Die einen sind mit sich und der Umwelt im Reinen und gelten gemeinhin als die strahlenden Sieger. Die anderen stehen eher auf wackeligen Beinen – schaut man hinter die Fassade – und sind durch Misserfolge leicht zu erschüttern. Die dritte Gruppe wähnt sich überlegen und bezieht ihr Selbstbewusstsein aus der Abwertung anderer.

Karriereberaterin Bühler-Wagner beurteilt das anders. Ein Zuviel an Selbstbewusstsein kann es ihrer Meinung nach eigentlich kaum geben: »Ich sehe das eher als mangelnde Sensibilität in der Kommunikation und als krasse Selbstüberschätzung«, wendet sie ein. Denn zu einem gesunden Selbstbewusstsein gehöre auch ein erhebliches Potenzial an Einfühlungsvermögen. Dies möchten wir unterstreichen. Ein tragfähiges Selbstbewusstsein kann nicht auf der Betonung der Schwächen anderer, sondern nur auf der Betonung der eigenen Stärken aufbauen.

Kennen Sie überhaupt Ihre persönlichen Stärken? Um sie als Fundament für den Aufbau eines halbwegs stabilen Selbstbewusstseins nutzen zu können, sollten Sie diese erst einmal genau erforschen. Denn Grundlage für souveränes Auftreten sind Stolz auf bisher Erreichtes und Mut und Zuversicht, persönliche Ziele auch zukünftig erfolgreich realisieren zu können.

Verschieben Sie die Analyse Ihrer Stärken nicht auf unbestimmte Zeit. Dafür ist dieser Aspekt viel zu wichtig.

Sie werden mit ziemlicher Sicherheit angenehm überrascht sein, wie Sie auf andere wirken.

Und noch etwas ist für das Selbstbewusstsein gerade in Small-Talk-Situationen wichtig: Wenn es um die eigene Person geht, sollte auch hauptsächlich das eigene Urteil entscheiden. Sie selbst setzen die Regeln, bestimmen, was für Sie Bedeutung hat. Wenn Sie anderen zu dick, dünn, groß, klein, dumm oder schlau sind, muss das nicht zwangsläufig Ihr Problem sein. Es kommt darauf an, dass Sie sich wohl fühlen in Ihrer Haut.

Probleme mit seinem Selbstbewusstsein wird man bekommen, wenn man den eigenen Erwartungen wiederholt nicht gerecht wird, die selbst gesetzten Ziele nicht erreicht. Das kann das Selbstwertgefühl ins Wanken bringen. Es gibt jedoch zwei Wege aus diesem Dilemma: Entweder findet man neue, realistischere Ziele, die besser zu einem passen, den eigenen Wünschen und Fähigkeiten eher entsprechen, oder man kämpft dafür, die ursprünglichen Ziele doch noch zu erreichen. Eine bessere Stärkung des Selbstbewusstseins als Stolz auf persönliche Erfolge gibt es im Grunde nicht.

Wichtig ist also vor allem, wie man sich selbst sieht und beurteilt. Und trotzdem, wir werden auch von anderen gesehen und immer wieder beurteilt und bekommen auch eine Rückmeldung, wenn es um unser Selbstbewusstsein geht. Sie erinnern sich bestimmt an Kommentare wie »Herr X tritt ja ganz schön selbstbewusst auf!« oder »Die arme Frau Y hat überhaupt kein Selbstbewusstsein«. Aber verdeutlichen Sie sich: Es handelt sich hier immer um subjektive Eindrücke. Was dem einen ziemlich verschüchtert vorkommt, erscheint dem anderen schon fast als selbstbewusst.

ÜBUNG

Überlegen Sie in diesem Moment, welche fünf Eigenschaften Sie besonders auszeichnen, und schreiben Sie diese Punkte auf. Fragen Sie ruhig auch Ihre Freunde, welche Stärken diese in Ihnen sehen, an Ihnen besonders schätzen.

Die wichtigsten Selbstdarstellungsstrategien

Wer selbstbewusst ist, wer über Selbstvertrauen verfügt, strahlt in der Regel davon etwas auch nach außen aus. Das kann sehr hilfreich für die Kontaktherstellung sein. Hans Dieter Mummendey[4] beschreibt in seinem Buch *Psychologie der Selbstdarstellung*, wie Selbstsicherheit nach außen demonstriert wird. Er unterscheidet zwischen selbstaufwertenden (positiven) und selbstabwertenden (negativen) Selbstdarstellungstaktiken.

Schauen wir uns zunächst *die selbstaufwertenden (positiven) Techniken* an:

Werbung in eigener Sache betreiben

Bei dieser Taktik geht es darum, die eigenen Fähigkeiten, Erfolge und Handlungen als positiv darzustellen: »Na, das ist mir aber wirklich gut gelungen!«, »Das habe ich ja großartig hinbekommen!« Den Bescheideneren fällt diese Technik schwer. Da hilft nur Üben. Sonst überlässt man den weniger Kompetenten das Feld.

Kompetenz und Expertentum betonen

Keinesfalls sollte man darauf warten, dass andere irgendwann merken, was man leistet und was man kann. Es ist unabdingbar, auf die eigenen Qualitäten hinzuweisen und die Aufmerksamkeit anderer auf die eigenen Fähigkeiten zu lenken.

Attraktivität unterstreichen

Attraktivität hat Einfluss auf soziale Macht. Wem es gelingt, für andere attraktiv zu sein, der verfügt über ein vielfältig einsetzbares und beinahe universell verwendbares Gut. Attraktivität ist wie Geld zu gebrauchen.

Vertrauens- und Glaubwürdigkeit unter Beweis stellen

Es sollte Ihnen gelingen, von anderen als glaubwürdig und vertrauenswürdig eingeschätzt zu werden. Dieses Image wird Ihnen langfristig einen enormen Vorteil verschaffen.

Offenheit demonstrieren
Wer andere hinter die Kulissen der eigenen Person blicken lässt, benutzt ein machtvolles Instrument der Selbstdarstellung. Diese Taktik ist gleich doppelt klug: Offene Menschen sind bei anderen beliebter, und durch ihr Verhalten verpflichten sie ihre Mitmenschen ebenfalls zu mehr Offenheit. Natürlich muss man dabei auf das richtige Maß achten. Bei Übertreibungen verliert man schnell Vertrauen und Attraktivität.

Die folgenden zwei Taktiken sind weder jedermanns Sache noch uneingeschränkt zu empfehlen. Der Vollständigkeit halber wollen wir sie aber erwähnen.

Aufwertung über Kontakte
Es geht ums »name dropping«. Wer sich mit seinen Kontakten zu wichtigen Leuten oder Prominenten brüstet, der hofft, dass auf diese Weise etwas vom Glanz der anderen auf ihn abfällt.

Betonung von Status und Prestige
Äußerlichkeiten wie Kleidung, teurer Schmuck, Automarke, akademischer Titel entscheiden mit darüber, ob man seinem Gegenüber vertraut und wie leicht man sich von ihm beeinflussen lässt.

Manche versuchen auch, ihr Image bei anderen durch *selbstabwertende (negative) Taktiken* zu verbessern. Das läuft dann häufig auf Manipulation hinaus.

Ständige Entschuldigungen
Selbst dann, wenn gar kein Grund dafür vorliegt.

Frühzeitiger Hinweis auf mögliche Schwierigkeiten
Geht etwas daneben, dann hat man schon vorher gewarnt.

Anspielung auf Unvollkommenheit
Damit man für sein Handeln nicht voll verantwortlich gemacht werden kann, betont man eine Schwäche. Der Mitarbeiter, der vor seiner Präsentation auf seine Erkältung hinweist, hat im Falle eines dürftigen Vortrags schnell eine Erklärung parat.

Understatement
Wer als Experte in einem Gebiet vorgibt, sich in einem anderen überhaupt nicht auszukennen, der möchte sich beliebter machen. Der Philosophieprofessor, der vorgibt, keinen Nagel in die Wand schlagen zu können, will durch die gespielte Hilflosigkeit vor allem Sympathie für sich mobilisieren.

Hilfsbedürftigkeit herauskehren
Mit Hilflosigkeit und Krankheit wird manchmal versucht, Aufmerksamkeit und Zuneigung zu bekommen.

Für alle Selbstdarstellungstechniken gilt gleichermaßen: Weniger ist mehr! Gesprächspartner empfinden Andeutungen meist als angenehm. Übertreibungen wirken schnell abstoßend. Das sollten Sie bei Ihren Small Talks beherzigen.

Wie Sie Sympathien gewinnen und Kommunikationsziele erreichen

4 Wie Sympathie entsteht

Haben Sie sich schon einmal gefragt, was der Schlüssel zum Menschen ist? Was fällt Ihnen auf diese Frage spontan ein? Geld – nach dem Motto: Jeder ist käuflich, es kommt nur auf die Summe an? Oder Macht – weil sie ebenfalls wie Geld den Menschen korrumpiert? Oder vielleicht Liebe – weil man mit Liebe alles erklären, begreifen oder bewegen kann?

Viele Antworten sind denkbar, und wir wollen hier nicht so vermessen sein, unsere Antwort als die allein gültige zu präsentieren. Aber es lohnt sich schon, über unser Angebot nachzudenken. Wir meinen: es ist die Kommunikation. Aber auch Gefühle können wir uns als Antwort gut vorstellen. Und wenn Sie mit uns konform gehen, dann wissen Sie jetzt, worauf es im Kontakt und beim Small Talken besonders ankommt. Zeigen Sie, wie kommunikativ Sie sind, und zielen Sie auf die Gefühle Ihres Gegenübers.

Egal ob bei Verhandlungen oder Geschäftsessen, im Privatleben oder in der Arbeitwelt – wem es gelingt, auf angenehm ungezwungene Weise Kontakte zu seinen Mitmenschen herzustellen, eine gute Atmosphäre zu schaffen und sich sympathisch und souverän zu präsentieren, der hat schon mehr als nur halb gewonnen. Das schafft Anknüpfungspunkte für weitere Gespräche und Kontakte, sei es einfach nur aus Sympathie oder aus Nützlichkeitserwägungen. Und es hilft ungemein, wenn es darum geht, seine Wünsche erfüllt zu bekommen, seine Vorhaben zu realisieren.

Mit dem Interesse, das wir unseren Gesprächspartnern entgegenbringen, erwerben wir die Wertschätzung und die Offenheit, die wir uns für uns selbst auch wünschen. Das geht bereits im Buddelkasten und Kinderladen los, wobei die eigentlichen Wurzeln, die Ursprünge jeder Kommunikation in der Familie zu suchen sind, in die wir hineingeboren werden und aus der wir kommen.

Locker, leicht und zudem auch noch wirkungsvoll zu kommunizieren, um dadurch gegebenenfalls persönliche Ziele zu erreichen, vielleicht aber auch nur einfach, um mit anderen ins Gespräch zu kommen und zu erleben, was eventuell gemeinsam möglich ist, will gelernt sein und muss geübt werden. Es ist eine hohe Kunst, die hier zu Lande zu Unrecht relativ gering geschätzt wird. Konzentrieren wir uns jetzt auf den wichtigen Aspekt der Sympathiemobilisierung, der beim Small Talk eine Schlüsselrolle einnimmt.

Es geht also im Small Talk nicht zuletzt darum, wie Sympathien ganz gezielt gewonnen und zwischenmenschliche Beziehungen hergestellt und gepflegt werden können. Das neue Wort für diese Strategie aus der Welt der Arbeit ist amerikanischen Ursprungs und heißt *Impression-Management*.

Dabei geht es um Verhaltensweisen, die einen sympathischen und rücksichtsvollen Gesprächspartner besonders auszeichnen, ihn aber auch in die Lage versetzen, sein Gegenüber für eigene Ziele einzunehmen.

- ▶ Gehen Sie mit freundlichem, offenem Gesichtsausdruck auf andere zu.
- ▶ Interessieren Sie sich für andere Menschen und machen Sie die Interessen des anderen zum Gesprächsgegenstand.
- ▶ Seien Sie ein guter, aufmerksamer, konzentrierter Zuhörer.
- ▶ Beginnen Sie das Gespräch großzügig mit Komplimenten, Lob und anderen Zeichen der Wertschätzung.

Zur Mobilisierung von Sympathiegefühlen kommt es immer dann, wenn Ihr Gegenüber den (ersten) Eindruck und die Hoffnung gewinnt, dass Sie einen Beitrag zu seiner Bedürfnisbefriedigung (Aufmerksamkeit, Zuwendung, Erfolg, Macht etc.) leisten können.

Sympathiefördernd sind dabei vor allem Identifizierungsprozesse nach dem Motto: »Mein Gegenüber ist ja genauso bzw. ganz ähnlich wie ich.«

Man entdeckt im anderen etwas, was einem selbst wohl bekannt ist. Besonders gut geeignet sind dafür biografische Gemeinsamkeiten (z.B. bezüglich früherer Wohnorte, Schulen, Ausbildung, gemeinsamer Bekannter, Hobbys etc.). Kurzum: gleiche Wertewelten.

Sympathie entsteht – übrigens auf beiden Seiten – aufgrund verbaler (Sprache, Sprechweise: laut, leise, mit Dialekt usw.) und nonverbaler Kommunikation (Körpersprache, Aussehen, Auftreten, Kleidung). Beides fördert den Wiedererkennungsfaktor. »Ich sehe etwas im anderen und spüre: Hier stoße ich auf etwas mir positiv Bekanntes. Dieser Sympathiebildungsprozess hilft ganz entscheidend mit beim Gelingen eines Small Talks.

Erster für Sie wichtiger Schritt in diese Richtung (und Merksatz): Wenn Sie Ihren Gesprächspartner sympathisch finden, wächst die Chance, dass auch dieser Sympathien für Sie entwickelt. Sie wissen doch: Wie man in den Wald hineinruft, so schallt es auch zurück. Wenn Sie also in einer ersten Begegnung Ihrem Gesprächspartner viel Sympathie – im wahrsten Sinne des Wortes – entgegenbringen, erhöht das in jedem Fall die Chance, dass man *auch Sie* sympathisch findet. So einfach ist das …

Natürlich ist es illusionär, in Gesprächen immer alles richtig machen zu können. Aber sinnvolle Ziele der Verbesserung des eigenen Kommunikationsverhaltens sollte man sich schon setzen. Behalten Sie die genannten Spielregeln im Bewusstsein. Denn: Schon wer bereit ist, über die richtige Grundeinstellung nachzudenken, geht einen großen Schritt in Richtung Sympathie mobilisierende, wirkungsvolle Kommunikation.

Was der Sympathie im Wege steht

Wer Interesse am Wohlergehen seiner Mitmenschen zeigt, gewinnt leicht deren Sympathien. Falls ein gewisses Maß Anteilnahme nicht zu erkennen ist, kann das leicht als Ignoranz oder schlimmer noch als Arroganz ausgelegt werden.

Das *dtv-Lexikon* definiert »Arroganz« kurz und knapp mit »Anmaßung, Dünkel«. Ein wenig ausführlicher möchten wir an dieser Stelle schon darauf eingehen. Allzu oft wird Arroganz mit Selbstbewusstsein gleichgesetzt. Dabei ist Arroganz häufig nichts anderes als der Versuch, mangelndes Selbstbewusstsein hinter einer Fassade von Unnahbarkeit zu verstecken.

»Ganz schön selbstbewusst, wie die Frau sich präsentiert!« Die Rede ist von einer jungen Frau, die an der Bar einer Diskothek steht und folgende Botschaft ausstrahlt: »Ich bin zu schön und cool, als dass man es wagen darf, mich anzusprechen!« Schaut man hinter diese Fassade, so verbirgt sich dort meist Unsicherheit und Angst vor Kommunikation. Wer anderen durch Körpersprache mitteilt: »Wage es nicht, mich zu belästigen!«, der muss keine Small-Talk-Strategien entwickeln. Auch eine Lösung!

In der Arbeitswelt erlebt das schon lange bestehende und gut funktionierende Arbeitsteam seinen neuen Vorgesetzten, wie der sich nach einer kurzen Vorstellung in seinem Büro zurückzieht und hinter Papier- und Aktenbergen vergräbt, statt mit den Mitarbeitern das Gespräch zu suchen. Der Neue stellt sich auf den Standpunkt: Ich bin der Chef, sollen die doch zu mir kommen, wenn sie was wollen. Ich kann warten ...

Wie begegnet man im Small Talk nun Menschen, die Arroganz ausstrahlen? Am besten, man zeigt sich selbst kommunikativ und »furchtlos«. Falls Sie aus irgendeinem Grund mit einer hochmütigen Person reden wollen: nur keine Hemmungen. Gehen Sie freundlich und optimistisch auf diesen Menschen zu. Natürlich verlangt das noch ein wenig mehr Mut und Überwindung, aber oft genug werden Sie erleben, dass scheinbar Eingebildete sich über ein solches Gesprächsangebot ganz besonders freuen.

Ein gewisses Maß an (Selbst-)Zufriedenheit steht in sehr engem Zusammenhang mit dem eigenen stabilen Selbstbewusstsein. Wer ständig herumnörgelt, mit hängenden Mundwinkeln durch den Tag geht und immer das Negative in den Mittelpunkt stellt, zeigt seinen Mitmenschen damit vor allem, dass er mit sich selbst unzufrieden ist.

Nun ist Unzufriedenheit nicht automatisch etwas Schlechtes. Im Gegenteil – wenn wir bereit sind, den Ursachen für unseren Verdruss auf den Grund zu gehen, um anschließend die Dinge, die uns stören, zu ändern, dann kann Unzufriedenheit der Einstieg in einen neuen Lebensabschnitt bedeuten. Was allerdings absolut keinen Sinn macht und von den Mitmenschen kaum ertragen wird, das ist eine permanente Missstimmung, ohne den erkennbaren Willen und Einsatz, etwas dagegen zu tun.

Es ist sehr einfach, Zufriedenheit auszustrahlen. In den meisten Situationen sollte es uns doch gelingen, positive Aspekte in den Vordergrund zu stellen. Wer von einem Traumurlaub zurückkehrt und – nach seinen Eindrücken gefragt – stundenlang klagt, im Hotel habe der Wasserhahn getropft, hat sehr schnell das Image des ewig Unzufriedenen.

Zufrieden ist derjenige, der sich auch über kleine Dinge im Alltag freuen kann. Es gibt ein großartiges Buch von Barbara Ann Kipfer[5]: *14 000 things to be happy about*. Die deutsche Ausgabe ist leider vergriffen, aber vielleicht brauchen Sie dieses Buch auch gar nicht, um Ihr eigenes Glücksempfinden zu steigern. Kaufen Sie sich einfach selbst eine Kladde, in die Sie alles hineinschreiben, worüber Sie sich im Laufe des Tages freuen. Das kann schon gleich nach dem Aufstehen die heiße Dusche sein, der duftende Kaffee, die frischen Brötchen, das Joggen durch den Park bei strahlendem Sonnenschein. Ob Sie auch auf 14 000 Gründe kommen, um Zufriedenheit zu spüren, ja vielleicht so etwas wie Glück zu empfinden?

15 Achtung, Fettnapf!

Wie Sympathiebildung durch Körpersprache unterstützt wird

Ob Sie nun sympathisch und zufrieden oder arrogant auf andere wirken, darüber entscheidet nicht zuletzt auch die Körpersprache. Aber zum Glück ist es relativ einfach, mit dem Körper positive Signale auszusenden. Wenn Sie im Small Talk die folgenden drei Punkte berücksichtigen, haben Sie schon halb gewonnen.

- Stellen Sie sich niemals mit verschränkten Armen in den Raum. Mit dieser Körperhaltung signalisieren Sie Ihren Mitmenschen: »Ich fühl mich nicht wohl hier! Bleibt mir vom Leib! Ich will in Ruhe gelassen werden!« Sie kennen die Redewendung »jemanden mit offenen Armen aufnehmen«. Vollkommen richtig: Wer die Hände nicht in den Hosentaschen vergräbt und die Arme nicht vor der Brust verschränkt, der wirkt wesentlich entspannter, offener und damit auch kommunikativer.
- Fuchteln Sie unter keinen Umständen mit den Händen im Gesicht herum, während Sie sprechen (und am besten auch sonst nicht). Am schlimmsten ist es, die Hand vor den Mund zu halten, während Sie etwas sagen. Das ist ein deutliches Zeichen von Unsicherheit. Es vermittelt, dass Sie am liebsten sofort wieder zurücknehmen würden, was Sie gerade von sich gegeben haben.
- Lächeln Sie! Niemand wird sich mit Ihnen unterhalten wollen, wenn Sie mit finsterer Miene dastehen. Das bedeutet aber auch nicht, jeden Menschen, dem Sie begegnen, sogleich heftigst anzugrinsen. Eine solche Taktik wirkt auf Dauer reichlich debil, und letztlich überzeugen Sie damit auch niemanden, zumindest nicht die Menschen, auf die es Ihnen ankommt.

Der Kommunikationsprofi setzt sein Lächeln sehr gezielt ein. Wer in den entscheidenden Momenten lächelt, wirkt glaubhafter als derjenige, der permanent strahlt. Schauen Sie sich einmal Politiker an, die sich zu einem aktuellen Thema äußern. Die werden kaum unentwegt in die Kamera grinsen, aber wenn es darauf ankommt, gewinnen sie durch ein verschmitztes Lächeln. Es ist entschieden wirkungsvoller, Ihr Gegenüber zunächst für eine Sekunde anzuschauen, bevor Sie lächeln. Auf diese Weise vermitteln Sie Ihren Mitmenschen das Gefühl, sie seien etwas Besonderes. So schnell kann man Menschen für sich einnehmen.

Wollen Sie erfahren, wie wichtig Mimik und Gestik für die Kommunikation sind, dann schalten Sie einmal eine Talkshow an und stellen Sie den Ton ab. Auf diese Weise konzentrieren Sie sich vollständig auf Gesichter und Hände der Menschen auf dem Bildschirm. Versuchen Sie einfach, sich vorzustellen, worüber gerade gesprochen wird. Sie werden erstaunt sein, wie viel Sie aus Gesichtern lesen können.

Wichtig ist vor allem, dass Sie Ruhe ausstrahlen. Und das bedeutet nichts anderes, als entspannt dazustehen und auf hektische Bewegungen zu verzichten. Wenn Sie sich im Gespräch wohl fühlen, wird man das auch an Ihrer Körperhaltung ablesen können. Aber zum Glück funktioniert es auch umgekehrt: Wenn man innerlich aufgewühlt ist, weil man Angst vor einem Gespräch hat, kann man seine Bewegungen kontrollieren. Das wird einem dann auch mehr innere Ruhe geben.

Wie wichtig es ist, in entscheidenden Situationen seine Bewegungen zu kontrollieren, dafür fanden wir während – oder besser vor Beginn – einer Fernsehdiskussion ein sehr gutes Beispiel. Schon bevor das Gespräch überhaupt losging, konnte man als aufmerksamer Zuschauer beobachten, was professionelles Verhalten vor den Fernsehkameras ist. Bereits 15 Sekunden bevor die Diskussionsrunde eröffnet wurde, waren die Kameras auf die Teilnehmer gerichtet. Einige schienen dies zu ahnen, andere nicht. Die einen standen folglich ruhig und gelassen an ihrem Pult, ohne sich merklich zu bewegen, die anderen fühlten sich offensichtlich noch unbeobachtet, kratzten sich mehrere Male im Gesicht, am Kopf und überprüften den Sitz der Kleidung. Es ist anzunehmen, dass alle Gäste angespannt waren, weil sich jeder in der nächsten Stunde von seiner besten Seite zeigen wollte. Der Unterschied in diesen ersten 15 Sekunden war, dass die einen ihre Bewegungen unter Kontrolle hatten, die anderen nicht. Die einen hinterließen einen souveränen ersten Eindruck, die anderen wirkten nervös und unbeholfen. Es war im September 2002, und es handelte sich um das TV-Duell der Kanzlerkandidaten.

Unsere Mitmenschen sehen mehr, als wir ahnen. Nicht nur in Gesprächen kommt es auf angemessene Körpersprache an. Wenn wir auf einer Zusammenkunft – ob Messe, Weiterbildungsseminar, Betriebsfest oder private Party – einmal einen Moment lang allein oder deutlich abseits von den anderen im Raum stehen, entscheidet unsere Körperhaltung darüber, ob andere Menschen, seien es Teilnehmer oder Gäste, Lust haben, unsere Nähe zu suchen und uns anzusprechen.

Um noch einmal auf Punkt 1 zurückzukommen: Wer sichergehen will, dass er mit niemandem reden muss, der stellt sich ganz einfach mit verschränkten Armen in eine Ecke und setzt ein strenges, düsteres Gesicht auf.

Wie die Augen sprechen

Bei einem gelungenen Small Talk spielt auch der intensive Augenkontakt eine wichtige Rolle. Sie signalisieren damit Respekt und Zuneigung und zeigen Ihrem Gesprächspartner, dass er für die Zeit der Unterhaltung im Mittelpunkt Ihres Interesses steht. Wir alle haben uns schon einmal über Menschen geärgert, die Ihre Blicke unruhig umherschweifen ließen, während sie uns den Anschein vermitteln wollten, sich mit uns zu unterhalten. Genauso gut könnten sie uns ins Gesicht sagen: »Sie langweilen mich. Es gibt für mich Wichtigeres oder doch einiges, was ich gerade jetzt entschieden lieber machen würde.«

Wer den anderen während des Gesprächs anschaut, beweist Intelligenz und Abstraktionsvermögen. Er zeigt, dass er problemlos vielfältige Informationen aufnehmen kann, während er spricht oder zuhört.

Während wir auf der einen Seite mit Blickkontakt erreichen, dass unsere Gesprächspartner sich wohl fühlen, ist es auf der anderen Seite wichtig, im Auge zu behalten, wie unser Gegenüber auf unsere Ausführungen reagiert. Schaut der andere interessiert, fasziniert, vielleicht sogar gebannt oder doch eher gelangweilt, genervt, ungehalten oder sogar wütend drein? Wie heißt dieses Sprichwort noch gleich: Ein Blick sagt mehr als tausend Worte. Nutzen Sie die Chancen, die Ihnen ein aufmerksamer Blickkontakt bietet! Aber Achtung: Blickkontakt heißt nicht anstarren, glotzen oder mustern.

Und noch etwas ist sehr wichtig in Bezug auf Augenkontakt: Wenn Sie in einer kleinen Gruppe zusammensitzen oder -stehen, sollten Sie darauf achten, dass sich alle angesprochen und anerkannt fühlen und niemand ausgeschlossen wird. Das erreichen Sie, indem Sie, während Sie sprechen, jedem der Anwesenden durch Blicke zu erkennen geben, dass Ihnen seine Meinung wichtig ist. Wenn sich dann der Nächste äußert, werden Sie sicherlich in erster Linie den Redner anschauen. Versäumen Sie es aber nicht, auch den anderen in der Runde durch Blickkontakt zu zeigen, dass Sie sich über ihre Anwesenheit freuen und an ihren Reaktionen interessiert sind. Wer diese

Regel beachtet, kommt dem Ziel »Kommunikationsprofi« ein großes Stück näher.

ÜBUNG

Beobachten Sie einmal das Blickverhalten anderer, wenn Sie sich in einer Gruppe unterhalten!

Was die Kleidung bewirkt

Wir kommunizieren auch durch unsere Kleidung. In wenigen Sekunden bildet sich unser Gegenüber eine Meinung über uns, und es ist nun einmal zunächst unser Äußeres, insbesondere unsere Garderobe, die ins Auge fällt. Sollte diese erste Wahrnehmung negativ ausfallen, müssen wir uns ungeheuer anstrengen, um diesen Eindruck zu revidieren. Man hat noch gar nicht den Mund aufgemacht, und schon wurde man in eine Schublade gesteckt.

Ihre Kleidung spricht für oder gegen Sie: Ihr Outfit verrät, ob Sie zu einer bestimmten Gruppe gehören wollen oder sich deutlich von anderen abgrenzen möchten. Tragen Sie beispielsweise sehr teure Kleidung, wird das von Ihrer Umwelt unter Umständen als Profilierungs-/Geltungssucht abgetan, kann aber auch als Zeichen einer pekuniären Stärke interpretiert werden. Dabei spielt es keine Rolle, ob Sie sich für sich selbst oder andere anziehen. Dieses Für-sich-selbst-Anziehen ist natürlich ein äußerst wichtiger Aspekt: typgerechte Kleidung steigert das Selbstbewusstsein.

Kleidung ist gepflegt oder ungepflegt, modern oder angestaubt. Sie passt genau oder ist ein, zwei Nummern zu groß oder zu klein. Die Farben sind langweilig (Sie kennen den Begriff »graue Maus«) oder wirken dynamisch. Damit meinen wir gar nicht, dass man quietschbunt rumrennen muss. Überlegen Sie mal, welche dynamische Ausstrahlung die Farbe Schwarz haben kann.

Schauen wir uns ein Beispiel an. Sie sind auf der alljährlich stattfindenden Betriebsweihnachtsfeier. Was ziehen Sie an? Richtig, da gibt es die bequemen Khakihosen, die Sie seit sechs Jahren zu jeder Gelegenheit tragen. Die sind zwar ein bisschen lang, aber die kann man ja umkrempeln. In Schrank finden Sie außerdem noch ein altes Hemd. Gewaschen ist es, gebügelt auch, was will man mehr. »Hauptsache, ich fühle mich wohl«, denken Sie. Allerdings ist

Wohlfühlen das eine und ein positiver Eindruck das andere. Wen wollen Sie überhaupt kennen lernen auf dieser Feier? Die Leute aus Ihrem Bereich sind Ihnen aus der täglichen Arbeit bestens bekannt. Und die Mitarbeiter der Produktion interessieren Sie nicht, mit denen hatten Sie schon immer Ärger, wenn es darum ging, einmal einen kleinen Sonderwunsch für einen wichtigen Kunden zu ermöglichen.

Wollen Sie der etwas »tütteligen« Sekretärin des Personalvorstandes imponieren oder der neuen attraktiven Marketingchefin? Für Letztere dürfen Sie sich gerne etwas ansprechender kleiden. Dunkle Farben sind in der Regel eleganter. Und wenn die Sachen auch noch wie angegossen passen, dann wirken Sie gleich wesentlich vitaler. Vielleicht halten Sie es für übertrieben, aber Ihr Outfit entscheidet mit darüber, wer sich gerne mit Ihnen unterhalten will. Was sagt Ihre Kleidung über Sie? »Ich mag es gern gemütlich! Wo gibt es noch kaltes Bier?«, oder »Hey, ich bin up-to-it! Ich habe Ideen und kann was bewegen! Und was interessiert Sie?«

Mit Kleidung können Sie Aufsehen erregen. Die eine setzt auf Geschmack und Exklusivität, die andere zieht die Blicke durch schrille Farben oder gewagte Schnitte auf sich. Wer sich mit seinem Outfit deutlich von der breiten Masse abhebt, muss sich um Small-Talk-Einstiege gar keine Sorgen machen, denn er liefert seinen Mitmenschen wunderbare »Aufhänger«: »Ich bewundere Ihr elegantes Kleid. Ist das von Armani?«, oder »Ganz schön mutig, Ihr buntes Hemd. Dieses Muster kannte ich bisher nur von Kinderzimmertapeten!« Ein denkbar schlechter Small-Talk-Einstieg, aber eine mögliche Reaktion auf – vorsichtig ausgedrückt – unpassende Kleidung.

Wer sich um des Auffallens willen nicht gleich von Kopf bis Fuß ungewöhnlich ausstaffieren will, kann es mit Schmuck, Uhren oder Schuhen probieren. So passen rote Turnschuhe beispielsweise sicherlich nicht zu jedem Anlass, aber auf der Geburtstagsfeier bei Freunden werden Sie damit mehr Blicke auf sich ziehen als mit den beigen Halbschuhen.

Zu einem Auftritt, mit dem Sie Eindruck hinterlassen, gehört sicherlich auch das passende Parfüm, Eau de Toilette oder Rasierwasser. Vielleicht finden Sie ja einen Duft, den nicht jeder trägt, und machen ihn zu Ihrem individuellen Erkennungszeichen. Die Redewendung »jemanden gut riechen können« sollte man durchaus wörtlich nehmen. Bestimmt haben Sie es auch schon einmal erlebt, dass Sie sich vom Duft eines Menschen magisch angezogen fühlten und immer näher an diese Person heranrückten. Man muss sich ja nicht jeden Morgen gleich mit einer halben Flasche besprühen. Wenn eine Kollegin Sie mittags um zwölf anspricht, ob Sie gerade im Kopierraum waren, es würde dort nach Ihrem Parfüm duften, und Ihr Aufenthalt dort liegt schon eine Weile zurück, dann ist das der deutliche Hinweis: »Hey, beim nächsten Mal vielleicht etwas weniger!«

ÜBUNG

Achten Sie einmal bewusst darauf, welche Wirkung andere auf Sie allein aufgrund ihrer Kleidung haben.

Wie Sie erkennen, dass andere sich gerne mit Ihnen unterhalten würden

Vermutlich hätte man weniger Hemmungen, andere anzusprechen, wenn man wüsste, dass diese sich darüber freuen würden. Zwar lässt sich eine solche Gesprächsbereitschaft nicht mit letzter Sicherheit voraussagen, jedoch gibt es deutliche Signale dafür, wie die Autorinnen Laurie Schloff und Marcia Yudkin[6] beobachtet haben. Wenn Sie bei Zusammenkünften mit zahlreichen Unbekannten interessierte Gesprächspartner suchen, achten Sie in Zukunft ganz einfach auf eines oder mehrere der folgenden Signale:

- Falls Sie jemanden anschauen, lächelt dieser, nickt mit dem Kopf und sieht überhaupt erfreut aus. Außerdem wird diese Person häufig unbewusst Ihre Bewegungen oder Körperhaltung widerspiegeln.
  So ist es nicht ungewöhnlich, dass auf einem Empfang zwei Menschen, die sich kennen lernen möchten, die Gläser in ähnlicher Weise in der Hand halten oder beide gleichzeitig mit den Füßen zu Musik wippen.
- Während Sie mit jemand anderem reden, hält sich die interessierte Person ganz in Ihrer Nähe auf.
- Wenn Sie sich auf eine Person in Ihrer Nähe zubewegen, um einen Small Talk zu beginnen, bleibt diese an ihrem Standort und rennt nicht beispielsweise ans Büfett, um sich mit Nudelsalat zu versorgen.
- Bewegen Sie sich im Raum, dann wird derjenige, der mit Ihnen reden will, immer wieder in Ihre Richtung schauen und vorsichtig Blickkontakt aufnehmen.
- Das sicherste Zeichen für Interesse an einem Small Talk ist natürlich, wenn der andere auf Sie zukommt und selbst das Gespräch eröffnet.

Eigentlich ziemlich eindeutige Signale. Und trotzdem, sie bleiben uns häufig genug verborgen, wir neigen dazu, sie nicht wahrzunehmen, sie einfach zu übersehen. Trainieren Sie Ihre Aufmerksamkeit, Ihren Blick für diese Signale.

8 Achten Sie auf die Stimme des anderen

Wie Sie sich im aktiven Zuhören üben

Noch bevor wir auf andere Initiativen und Aktivitäten eingehen, die Ihnen helfen, in eine Gesprächsbeziehung mit einer anderen Person zu kommen, hier jetzt zu einer ganz wichtigen, elementaren Grundregel. Sie ist ein wunderbarer Garant für erfolgreiche Beziehungsentwicklungsversuche – sprich Gesprächsstarts: Es geht um das Zuhören.

Obwohl es eigentlich selbstverständlich sein sollte, dass wir unseren Gesprächspartnern zuhören, wird diese Grundregel Nummer eins doch in unser aller Leben viel zu selten beobachtet.

Richtiges Zuhören ist aktives Zuhören, das heißt, es beinhaltet mehr, als bloß die Worte des anderen anzuhören.

5 Die Kunst, sich zurücknehmen

Es geht darum …

- für einen Moment alle Gedanken zurückzuhalten
- noch nicht darüber nachzudenken, was man als Nächstes sagen wird
- nicht schon nach Zusammenhängen zu suchen, zwischen dem, was der andere sagt, und den eigenen Erfahrungen
- das Gefühl zu unterdrücken »Das hab ich doch alles schon mal irgendwo gehört!«

7 Aktives Zuhören und Reflektieren

… und das ist – zugegeben – ziemlich schwierig.

Beinahe jeder würde lieber über sich selbst, über seine eigenen Pläne, Wünsche und Probleme sprechen, als einem anderen, zum Beispiel Ihnen, zuzuhören. Wenn Sie also bei Ihrem Gesprächspartner einen positiven Eindruck hinterlassen wollen, geben Sie ihm großzügig Raum für sein Mitteilungsbedürfnis. Außerdem bekommen Sie beim Zuhören wertvolle Hinweise darauf, was den anderen am ehesten interessiert.

Das lässt Sie sofort zu einem besseren Zuhörer werden

Gewöhnen Sie sich an, in Gesprächen auf alles zu achten, was Sie hören (und sehen!). Versuchen Sie, möglichst viel von den Worten, aber auch von der

Stimmung Ihres Gesprächspartners einzufangen. Wenn Sie genau auf die Stimme des anderen achten, werden Sie sehr schnell heraushören, ob er wirklich mit Ihnen reden will oder nicht. Klingt der andere entspannt oder gestresst, fröhlich oder deprimiert, interessiert oder gelangweilt? Die Stimme ist sehr viel schwieriger zu kontrollieren als die Worte, die wir von uns geben. Versuchen Sie einmal, jemandem weiszumachen: »Mir geht es großartig!«, wenn Sie schlecht gelaunt sind. Sehr überzeugend wird das kaum klingen.

So ermutigen Sie Ihren Gesprächspartner

Durch Blickkontakt und kurze Einschübe zeigen Sie Ihrem Gegenüber, dass Sie ihm aufmerksam zuhören. Bemerkungen wie »Das klingt sehr interessant!«, »Darüber würde ich gern noch mehr erfahren!« oder »Ist ja doll! Na so was! Unglaublich, ja wirklich ....?« sorgen für ein gutes Gesprächsklima. Verzichten Sie auf solche Ermunterungen über einen längeren Zeitraum, wird Ihr Gesprächspartner annehmen, Sie legten keinen (weiteren) Wert auf seine Ausführungen. Ist er ein rücksichtsvoller Mensch, wird er, falls er über einen gewissen Zeitraum kein Feedback bekommt, bald verstummen. Zeigen Sie dem anderen, wie wichtig Ihnen seine Meinung, seine Sicht der Dinge ist.

9 Ermutigen Sie Ihren Gesprächspartner

Lassen Sie Raum für kurze Pausen

Sie werden über die Wirkung erstaunt sein, wenn Sie einen kurzen Moment innehalten, bevor Sie auf die Aussagen Ihres Gesprächspartners reagieren. Solche Pausen sind eine wahre Wohltat. Der andere wird nicht unterbrochen, bekommt die Chance, seinen Gedanken richtig zu Ende zu führen, und Sie geben darüber hinaus zu erkennen, dass Sie wirklich aufmerksam sind und nicht nur darauf warten, endlich selbst »losquasseln« zu können. Einfacher lässt sich Hochachtung vor dem anderen nicht demonstrieren als durch zwei Sekunden Pause im Gespräch, nachdem ihr Gegenüber etwas gesagt hat.

Gar nicht so dumm, dieses Sprichwort »Reden ist Silber, Schweigen ist Gold«.

Fassen Sie gelegentlich die Aussage des anderen in eigenen Worten zusammen

Kurze Pausen sowie verbale Bestätigungen (»Wirklich, das ist ja unglaublich!«) tragen zur angenehmen Atmosphäre eines Gesprächs bei. Noch wirksamer verdeutlichen Sie jedoch, dass Sie den Äußerungen des anderen folgen, indem Sie diese in eigene Worte fassend wiederholen, sozusagen widerspiegeln.

Falls der andere beschreibt, wie sehr er zurzeit an seiner Arbeitsstelle unter Druck ist, weil er zwei neue Kollegen einarbeiten muss, äußern Sie Ihr Mitgefühl: »Da sind Sie sicher total im Stress!«

In manchen Situationen möchten Sie vielleicht sichergehen, dass Sie Ihren Gesprächspartner richtig verstanden haben. Dadurch zeigen Sie auch, wie wichtig Ihnen das Thema ist. Vergewissern Sie sich, indem Sie nachfragen: »Ich möchte sicherstellen, dass ich auch wirklich verstehe, was Sie meinen. Lassen sie mich Ihre Aussage so zusammenfassen. Sie sind also der Ansicht …«

Hier geht es nun nicht mehr darum, das Gesagte einfach zu wiederholen. Sie sollten auch zeigen, dass Sie die Botschaft hinter den Worten empfangen und verstanden haben. Zum Beispiel: »Ich habe den Eindruck, dass Sie mit der augenblicklichen Situation gar nicht zufrieden sind. Sehe ich das richtig?«

Dass Sie diese »Technik« nicht ständig anwenden, versteht sich hoffentlich von selbst. Aber probieren Sie es gelegentlich einmal aus. Insbesondere bei schwierigen Themen kann so etwas Wunder bewirken.

Tagtäglich ergeben sich zahlreiche Gelegenheiten, besseres Zuhören zu üben. In allen kurzen Unterhaltungen mit Freunden oder Kollegen haben Sie die Chance, die oben angesprochenen Regeln anzuwenden oder eben grob zu missachten. Wenn Sie aufmerksam zuhören, werden Ihnen genügend Anhaltspunkte dafür geliefert, was andere wirklich interessiert. Für alle gilt: Wer sich für meine Belange interessiert, wird mir sofort um einiges sympathischer.

Sie sollten lernen, Nuancen und Pausen in den Antworten Ihres Gesprächspartners zu erkennen. Wenn Sie ein Gespür für seine Stimmung entwickeln, können Sie darauf eingehen. Falls Sie auf seine Kommentare nicht reagieren, wird er aufhören, sich Ihrer Rede zu widmen. Bekräftigen Sie deshalb während des Gesprächs immer wieder mal einige seiner Bemerkungen.

Soll ein Gespräch erfolgreich verlaufen, müssen Sie auf die Argumente des anderen eingehen. Durch interessierte Fragen oder geschickte Kurzkommentare zeigen Sie, dass Sie zugehört haben, wirklich präsent sind. Wenn Sie sich dann auf die Antworten Ihres Gesprächspartners konzentrieren, gewinnen Sie sehr schnell einen Eindruck von seiner Persönlichkeit, Stimmung, von seinen Interessen und Vorbehalten.

Nicht nur die Aussagen, auch Stimme, Betonung und Lautstärke verraten viel über Ihr Gegenüber. Wollen Sie sichergehen, dass Ihre Botschaft den anderen wirklich erreicht, sollten Sie ihm ständig Raum für Reaktionen geben. Ansonsten riskieren Sie, dass man Ihre Äußerungen einfach nur zur Kenntnis nimmt.

Lernen Sie, die richtigen Fragen zu stellen

Fragen sind die Motoren in Gesprächen. Welche Ziele verfolgen wir also mit Fragen im Small Talk? Vor allem möchten wir, dass unserem Gegenüber das Gespräch mit uns angenehm ist, Spaß macht. Wir möchten ihm gegenüber unsere Aufmerksamkeit verdeutlichen, Wertschätzung und Interesse zum Ausdruck bringen. Wir wollen Neues erfahren oder sind vielleicht auch nur gespannt auf die Reaktion des anderen. Darüber hinaus kann man mit Fragen den Small Talk nicht nur starten, sondern auch ganz bewusst steuern. Wer es dem Gesprächspartner überlassen möchte, was dieser erzählen will, der fragt einfach pauschal: »Wie war es denn auf Mallorca?« Wollen Sie als Fragender das Gesprächsthema weiter eingrenzen oder auch vereinfachen, dann stellen Sie die Frage wie folgt: »Wie war es denn auf Mallorca? In der Tagesschau habe ich neulich Bilder von dem Unwetter gesehen.«

Was die Form der Fragen angeht: Es wird immer wieder empfohlen, möglichst offene W-Fragen zu stellen, also Fragen, die mit »W« beginnen (wer, was, wo, wie, warum, weswegen?). Mit diesem Trick soll verhindert werden, dass unser Gegenüber einsilbig mit »Ja« oder »Nein« antwortet und damit jedes Gespräch, insbesondere die anfänglichen Einstiegsbemühungen, bereits im Keim erstickt. Für manche Gesprächstypen macht diese »W-Fragen-Regel« auch durchaus Sinn, im Small Talk hilft sie allerdings nur bedingt weiter. Wenn der andere keine Lust auf Konversation hat, dann kann er auch auf Ihre W-Fragen wunderbar knapp antworten. Beispiel: »Wie gefällt es Ihnen auf dieser Party?« »Gut.« Sie sehen, manchmal muss man sich schon etwas Besonderes einfallen lassen, um gegen Einsilbigkeit anzukämpfen.

Sinnvoll sind W-Fragen zum Beispiel in Preisverhandlungen. Wenn Sie für Ihren neuen Fernseher nicht den angegebenen Preis bezahlen wollen, ist eine geschlossene Frage zum Einstieg ausgesprochen ungeschickt. »Kann man mit Ihnen über den Preis verhandeln?« Damit servieren Sie dem Verkäufer die Antwort »Nein« auf dem Tablett. Schon Ihre Frage muss erkennen lassen, dass Sie fest von einem günstigeren Preis ausgehen. Deshalb verlangt diese Situation eher nach einer W-Frage. »Wie weit kommen Sie mir denn im Preis entgegen?« ist schon wesentlich geschickter. Der Verkäufer wird einen Preis nennen, den Sie im Verlauf der Verhandlung sicherlich noch reduzieren können.

Preisverhandlungen selbst sind zwar keine Small Talks, aber gerade vor dem Feilschen macht Small Talk besonders viel Sinn. Auf diese Weise sorgen Sie für eine gute Gesprächsatmosphäre. Plaudern Sie mit dem Verkaufspersonal. Schmeicheln Sie. Erwähnen Sie, wie sehr Sie den Laden mögen. Zeigen Sie sich von Präsentation, Auswahl und Qualität begeistert. Damit schaffen Sie eine gute Ausgangposition für das eigentliche Einkaufsgespräch, die bevorstehende Verhandlung.

Plaudereien sollten weder in tiefsinnige Fachgespräche noch böse Kreuzverhöre ausufern. In erster Linie will man im Small Talk mittels Fragen Unterhaltungen starten oder am Laufen halten und sicherlich auch für ein angenehmes und angeregtes Gesprächsklima sorgen. Aus diesem Grunde sind Small-Talk-Fragen meist recht harmlos. Die Frage »Wie gefällt Ihnen München?« wird kaum jemandem wehtun. Wobei der Befragte dem Gespräch mit seiner Antwort durchaus etwas mehr Schwung verleihen kann: »Ich finde die Stadt grässlich!« Wenn er das anschließend begründet, stehen beiden Gesprächspartnern spannende Minuten bevor. Meist ist es interessant, andere Sichtweisen kennen zu lernen und sie dann mit den eigenen zu vergleichen.

Wie gesagt, in den meisten Small Talks wird man mit seinen Fragen den Einstieg finden und erreichen wollen, dass sich der andere in der startenden Gesprächsituation anfängt wohlzufühlen, dass die Atmosphäre sich zwischen zwei Personen gut entwickelt.

10 Interessierte Fragen und Nachfragen

Small-Talk-Profis sind harmlose Fragen auf Dauer zu langweilig. Je nach Situation und Gesprächspartner werden sie mit ihren Fragen

- probieren, den anderen aus der Reserve zu locken,
- bewusst provozieren; testen, wie weit sie gehen können,
- versuchen, ihre Neugier zu befriedigen, vielleicht sogar ein »Geheimnis« zu entlocken,
- zeigen wollen, dass sie Sinn für Humor und Ironie haben.

Denken Sie nur an Talkshows im Fernsehen. In den interessanteren Shows liefert der Gastgeber nicht nur Stichworte, sondern wagt auch einmal etwas. Falls der Moderator den Gast nach seinem Lieblingsgericht fragt, reißt das niemanden vom Hocker und lässt den Zuschauer zur Fernbedienung greifen. Fragt er stattdessen: »Erzählen Sie uns mal, wann Sie zum letzten Mal etwas geklaut oder etwas anderes Verbotenes getan haben«, dann ist jeder auf die Reaktion gespannt.

Wenn Sie nun überlegen, wie weit Sie mit Ihren Fragen gehen dürfen, gibt es dafür eine bekannte Regel: »Stellen Sie nur Fragen, die Sie mit gutem Gefühl auch selbst beantworten würden.«

Wunderschön, dieses Prinzip, und wenn Harmonie Ihr Hauptziel ist, werden Sie sich leicht daran halten können. Doch manchmal will man spannendere Gespräche. Dass man sich dafür möglichst Gesprächspartner aussucht, die mit solchen Provokationen umgehen können, ist klar. Außerdem muss man darauf vorbereitet sein, auf seine Frage unter Umständen auch keine Antwort zu bekommen.

Wie Sie mit Minimalfragen einen Small Talk voranbringen

Gehen wir von folgender Situation aus: Sie treffen mittags einen netten Kollegen in der Kantine. Da sitzen Sie nun über Ihrem Schweinebraten und werden sich – wenn es gut zwischen Ihnen läuft – über Gott und die Welt unterhalten. Ihr Gegenüber berichtet ganz begeistert von seinem gestrigen Theaterbesuch. Nun können Sie natürlich fragen: »Ach, im Theater waren Sie! Welches Stück haben Sie denn gesehen?« Sie können Ihr Interesse aber auch kürzer ausdrücken.

Erzählt also jemand »Ich war gestern im Theater«, sagen Sie einfach: »Im Theater?« Wenn Sie diese beiden Wörter richtig betonen und Interesse signalisieren, wird der andere gern weitererzählen. »Ja, wir waren im Neuen Theater Halle und haben uns die neue Inszenierung von Peter Sodann angeschaut.« »Peter Sodann?«, fragen Sie neugierig. »Ja, der Mann ist ein erstaunlich erfolgreicher Theaterregisseur, was ich bis vor kurzem nicht wusste, weil ich ihn nur als *Tatort*-Kommissar aus dem Fernsehen kannte. Er hat die Regie bei diesem Stück geführt, in dem es um einen Fußballtrainer geht.« Und wieder fragen Sie nach: »Fußballtrainer?« »Ja, ein Fußballtrainer, dessen ehemaliger Zögling an der Grenze einen Republikflüchtling erschießt.«

Der Trick hinter dieser Technik ist ganz einfach: Ohne allzu viel Mühe oder umfangreiche Allgemeinbildung greifen Sie den Faden auf, indem Sie die letzten Wörter Ihres Gesprächpartners wiederholen, und können sich dabei entspannt zurücklehnen. So wirken Sie auf Ihr Gegenüber als angenehmer und aufmerksamer Small Talker. Dabei haben Sie nichts weiter getan, als Gesprächsfetzen zu wiederholen. Da soll noch jemand sagen, Small Talks seien schwierig!

Zum Small Talk mit Kollegen finden Sie noch weitere Anregungen auf Seite 114 f.

> **ÜBUNG**
> Bei Ihrem nächsten von Ihrem Gegenüber initiierten Small Talk entspannen Sie sich und versuchen Sie, mit kurzen, prägnanten Wiederholungen der Stichworte das Gespräch voranzutreiben.

Worauf es beim Komplimentemachen ankommt

Es gibt keinen schöneren Small-Talk-Einstieg als ein Kompliment. Man sollte zwar nicht so weit gehen, nun jedes Gespräch mit einer Schmeichelei zu eröffnen, denn nicht immer passt sie in den Kontext und ist halbwegs glaubwürdig anzubringen. Aber wenn die Situation es hergibt, sind Komplimente ein großartiges Mittel, sein Gegenüber in eine gute Stimmung zu versetzen. Dass damit manchmal bestimmte Absichten verbunden sind, zeigt das folgende Beispiel.

11 Die richtige Dosierung von Komplimenten

Sie haben die Wahl. Entweder fahren Sie am Wochenende mit Ihrer Freundin an die Ostsee, oder Sie sitzen zu Hause am Schreibtisch und übersetzen die Werbemail für das neue Produkt Ihrer Firma ins Spanische.

Falls der Ausflug an die See Sie mehr reizt als die Übersetzungsarbeit, kann ein simples Kompliment an der richtigen Stelle Sie Ihrem Ziel ein gutes Stück näher bringen. Als Sie vor ein paar Tagen im Kollegenkreis zusammensaßen, prahlte Ihre Kollegin Petra mit ihren »herausragenden« Spanisch-Kenntnissen. So richtig hat sich an dem Abend niemand dafür interessiert. Aber zumindest Ihnen ist nicht entgangen, wie stolz Ihre Kollegin auf ihre Sprachkenntnisse ist. Wie gut, dass Sie sich gerade jetzt daran erinnern.

Eröffnen Sie den Small Talk im Büro also einfach mal so: »Petra, ich weiß, dass du sehr gut Spanisch sprichst. Unser Chef will das neue Notebook nun auch in Lateinamerika verkaufen und dementsprechend sollten unsere Werbebriefe ins Spanische übersetzt werden. Ich mit meinen drei Brocken Spanisch bekomme das nicht vernünftig hin. Dir wird das sicherlich leichter fallen!«

Unser Beispiel demonstriert, dass man mit Komplimenten natürlich dem anderen eine Freude machen will, häufig aber auch ganz konkrete Ziele verfolgt. Wer sich ungeschickt anstellt, wird sofort durchschaut, wer ein bisschen raffinierter ist, erst später. Der Profi versprüht seinen Charme und, um auf unser Beispiel zurückzukommen, fährt an die Ostsee. Aber Vorsicht mit Übertreibungen: Ihr Lob sollte schon auch ernst gemeint sein, zumindest ansatzweise. Komplimente, bei denen es nur ums Einschmeicheln geht, kann man sich besser sparen. Diese »Ich-sag-dir-was-Nettes-und-dann-tust-du-was-für-mich«-Strategien funktionieren langfristig nur, wenn man im Gegenzug auch mal für den auf diese Weise »Manipulierten« einspringt. Vielleicht repariert man irgendwann mal das Auto der Kollegin mit den Spanisch-Kenntnissen …

Letztlich gibt es für alles den richtigen Zeitpunkt. Also auch für Komplimente und Wünsche. Wer sagt eigentlich, dass diese Strategien immer gleich paarweise auftreten müssen? Genau genommen ist die Kombination »Erst was Nettes, dann eine Bitte« in vielen Fällen unglücklich, weil allzu offensichtlich. Wenn man in dieser Hinsicht schon eine Strategie anwenden will, dann am besten die Folgende: Machen Sie Ihren Mitmenschen Komplimente, wenn die Situation und Ihre gute Laune es ergeben. Auf diese Weise lernen die Menschen in Ihrer Umgebung Sie im Laufe der Zeit als sympathisch und aufmerksam kennen. Und wenn Sie dann wirklich einmal Hilfe brauchen oder sich Unterstützung wünschen, dann reden Sie nicht lange um den heißen Brei herum, sondern kommen gleich auf Ihr Anliegen zu sprechen. Das ist souveräner und ehrlicher.

ÜBUNG

Warum sagen Sie also nicht zwischendurch einmal etwas Nettes, ohne damit gleich eine Absicht zu verfolgen? Vielleicht geht eine Ihrer Kolleginnen seit einiger Zeit regelmäßig ins Fitness-Studio. Wenn Sie ihr eine Freude machen wollen, dann erwähnen Sie bei passender Gelegenheit einmal, wie sehr Sie ihre Disziplin bewundern und dass Sie auch gerne so sportlich wären.

Was Sie von Versicherungsvertretern lernen können …

Erinnern Sie sich an den letzten Besuch eines Versicherungsvertreters? Vermutlich hat er Sie nicht gleich bestürmt: »Ich habe da ein ganz tolles neues Produkt. Das müssen Sie haben. Das brauchen Sie bestimmt. Ab wann soll der Vertrag denn gelten?«

Wahrscheinlich eröffnete er das Gespräch mit – scheinbaren – Belanglosigkeiten, mit Small Talk eben, um eine freundliche Atmosphäre zu erzeugen und etwas Persönliches über Sie zu erfahren. Vermutlich erwähnte er Ihre tolle Wohngegend, bewunderte die geschmackvolle Einrichtung, schien in

Ihren Hund vernarrt zu sein und erzählte Ihnen, dass sein eigener Vierbeiner Bello heißt oder er zu Hause ein großes Aquarium stehen hat. Mit diesem Small-Talk-Einstieg hatte er relativ sicher Ihre Sympathien gewonnen und erschien Ihnen so vertrauenswürdig, dass Sie sein Angebot zumindest sorgfältig geprüft haben.

Garantiert sagen Sie jetzt: »Auf solche Methoden falle ich nicht herein!« Und trotzdem begegnet jeder von uns im Alltag gerne Menschen, die ihn durch Small-Talk-Einstiege in eine gute Stimmung versetzen und für ein angenehmes Gesprächsklima sorgen. Man wird sicherlich nicht gleich eine neue Lebensversicherung abschließen, nur weil der Makler die Wohnungseinrichtung bewundert, aber stolz ist man nach diesem Kommentar trotzdem.

Eines sollten Sie bei Komplimenten in jedem Fall beachten: Bei aller Großzügigkeit – wir Deutschen tun uns schwer mit Loben und sind deshalb auch, was Komplimente anbetrifft oder einfach nur verbale Nettigkeiten, eher zugeknöpft – also bei aller Großzügigkeit ist es wichtig, nicht zu dick aufzutragen. Kleine Schmeicheleien sind immer eine nette Geste, nur sollten sie weder ständig heruntergebetet noch zum Superlativ aufgeblasen werden. Wer seiner Kollegin täglich fünfmal erzählt, wie elegant, wie außergewöhnlich schick sie wieder einmal ausschaut, meint das vielleicht nett, wirkt aber unglaubwürdig und läuft Gefahr, für einschleimerisch gehalten zu werden.

Einen weiteren Fauxpas können Sie begehen, wenn Sie sich zu einer Gruppe von fünf Frauen gesellen und für alle hörbar verkünden: »Sie sehen heute aber fabelhaft aus, Frau Erweiler.« Mit dieser einen Bemerkung haben Sie vier neue Feindinnen. Erstaunlich, wie schnell das gehen kann. Die restlichen Damen aus der Gruppe entnehmen Ihrem Ausspruch, mit dem Sie ursprünglich das Betriebsklima verbessern wollten: »Aha, der Schulze findet also, dass wir im Vergleich zur Erweiler aussehen wie die letzten Kühe.«

Da können Sie noch so oft hinterherschieben: »Na, Sie sind natürlich auch ganz schick, Frau Müller!« Eine Grundregel für Komplimente muss also sein: Achten Sie darauf, nicht (unbewusst) gleichzeitig andere herabzusetzen oder deren Neid zu provozieren. Wenn Sie Ihrer Kollegin also etwas Nettes sagen wollen, funktioniert das am besten, wenn Sie allein mit ihr sprechen.

Natürlich muss man sich auch Gedanken über den Empfänger machen. Man wird sich genau überlegen, wem man welches Kompliment macht. Sehr selbstbewusste, beruflich erfolgreiche Menschen mit großem Freundeskreis mögen sich über alles Mögliche freuen, aber bestimmt nicht über plumpe Lobhudeleien. Kontaktärmere Menschen sind wesentlich anfälliger für kleine Schmeicheleien. Wer selten gelobt oder bewundert wird, der saugt auch belanglose Komplimente auf wie ein ausgetrockneter Schwamm. Was glauben Sie wohl, wen sich Heiratsschwindler als Opfer suchen?

Zusammenfassend lässt sich sagen, dass es bei Komplimenten um Aufrichtigkeit, den richtigen Zeitpunkt, die Dosis (oder auch Wortwahl) und die Absicht, die Sie damit verfolgen, geht. Außerdem spielen das Selbstwertgefühl des Empfängers, seine Position und Erfahrung mit Komplimenten und natürlich die Gewandtheit des Absenders eine Rolle. Weiterhin ist zu berücksichtigen, in welcher Beziehung die Beteiligten zueinander stehen.

Wie Sie selbst auf Komplimente reagieren sollten

Wenn man Ihnen zum Anfang eines Gespräches etwas Nettes sagt, wie zum Beispiel »Die neue Frisur steht Ihnen wirklich sehr gut, Frau Kuhn«, dann antworten Sie möglichst nicht: »Ach, ich weiß nicht. Ich glaube, ich lasse mir die Haare morgen noch kürzer schneiden.« Bedanken Sie sich stattdessen mit einem freundlichen »Vielen Dank, das ist nett von Ihnen!« Bei Ihrer Reaktion sollten Sie Folgendes bedenken:

- Sie sind selbstbewusst genug, dass Sie Ihre eigenen Stärken kennen. Wenn man Ihnen etwas Nettes sagt, dann freuen Sie sich natürlich, erwecken aber nicht den Anschein, als würden Sie zum ersten Mal gelobt. Sie wissen, dass Sie gute Arbeit leisten oder sich geschmackvoll kleiden können, also sind Sie nicht allzu überrascht, wenn das auch anderen auffällt.
- Verzichten Sie am besten auf Antworten wie »Na, nun übertreiben Sie mal nicht!«, »Wollen Sie mich für dumm verkaufen?« oder noch schlimmer: »Sagen Sie, wollen Sie sich bei mir einschleimen oder mich etwa gar vera...?« Das mag zwar alles sein, aber solche Vermutungen spricht man besser nicht oder nur in Ausnahmefällen aus. Für die Zukunft weiß man allerdings jetzt, wie der »Sender« einzuschätzen ist.

Bieten Sie so oft wie möglich Ihre Unterstützung an

Eine sehr einfache, aber ebenso effektive Möglichkeit, einen Small Talk zu beginnen, ist es, demonstrativ Hilfsbereitschaft zu signalisieren:

- *Warten Sie, ich räume schnell meine Sachen weg, damit Sie Platz nehmen können!*
- *Kann ich Ihnen helfen? Ich sehe, Sie schauen ziemlich ratlos in Ihren Stadtplan.*
- *Ich kenne mich ganz gut aus hier in der Gegend. Sie können mich gerne fragen!*
- *Oh, Moment. Ich hebe Ihren Koffer gerne ins Gepäcknetz.*
- *Guten Morgen! Warten Sie, ich halte Ihnen mal die Tür auf, so schwer bepackt, wie Sie sind.*

Wer sich hilfsbereit zeigt – und das gerade auch Fremden gegenüber –, der sorgt für einen positiven ersten Eindruck. Es gibt Situationen, in denen der Verzicht auf Fürsorge die Atmosphäre nachhaltig vergiftet. Wer keine Rücksicht auf andere nimmt und beispielsweise mit seinen Jacken, Taschen und Zeitungen ein ganzes Bahnabteil für sich beansprucht, der macht sich schnell unbeliebt. Mit einem freundlichen »Warten Sie, ich schaffe erst mal Platz für Sie und dann helfe ich Ihnen mit Ihren Koffern« eröffnet man auch gleichzeitig ein Gespräch. Das Gegenüber wird bestimmt mit einer größeren Gesprächsbereitschaft auf die Hilfsbereitschaft reagieren, und schon ist das Eis geschmolzen, der Small Talk gestartet und man versteht sich. Gerade weil solches Entgegenkommen nicht selbstverständlich ist, können Sie auf diese Weise wichtige Akzente setzen. Sie kommunizieren mit Gesten.

Wer selbst einmal Unterstützung braucht, sollte seinen Hilferuf möglichst nicht mit »Ich habe da ein Problem!« beginnen. Mit diesem Satz treibt man sein Gegenüber eher in eine Abwehrhaltung. Der andere denkt: »Was interessiert mich dein Problem? Ich habe genug eigene Sorgen.« Wesentlich geschickter ist folgende Gesprächseröffnung: »Es wäre großartig, wenn *Sie* mir helfen könnten.« Damit stellen Sie den anderen in den Mittelpunkt (*Sie*). Außerdem zeigen Sie, dass Sie sich freuen würden und die erhoffte Hilfeleistung als etwas Besonderes ansehen.

Wichtig ist der Gebrauch des Konjunktivs. Der andere soll selbst entscheiden, ob er helfen will oder nicht (und so angesprochen, wird er/sie in den meisten Fällen auch gerne helfen!). Die häufig gebrauchte Variante »Sie können mir *bestimmt* helfen!« klingt im ersten Moment zwar sehr selbstbewusst, kann aber auch beim Gegenüber leicht zu Aggressionen führen. Das Wort *»bestimmt«* hat etwas Bedrohliches. Mit dieser Forderung lässt man dem anderen keine Wahl.

So überbrücken Sie Schweigepausen

Irgendwann kommt fast immer dieser Moment: Bei einem Fest haben Sie die Standardthemen Beruf, Hobby, Wohnung etc. abgehakt und der Gesprächsstoff geht Ihnen aus. Großes Schweigen – keinem fällt etwas Interessantes ein, obwohl jeder das Gefühl hat, dass ein paar Worte die Situation entspannen würden. Warten Sie nicht allzu lange darauf, dass der andere eine Idee hat, sondern werden Sie lieber selbst initiativ! Sie sind doch jetzt vorbereitet!

Seien Sie dennoch sensibel für die Situation und vergessen Sie dabei für einen Augenblick sämtliche Fragestrategien! Wenn der andere schweigt, hat er vielleicht gerade keine Lust, auf mehr oder weniger intelligente Fragen einzugehen. Das könnte dazu führen, dass Sie nur eine knappe Antwort erhalten, ohne dass ein Gespräch in Gang kommt.

Warum unterhalten Sie Ihr Gegenüber nicht mit einem interessanten Erlebnis? Erzählen Sie eine kleine Geschichte oder Anekdote, in der es um etwas Persönliches geht, oder berichten Sie über etwas, auf das Sie sich freuen. Vermeiden Sie jedoch unangenehme Ereignisse, denn die Stimmung sollte positiv bleiben. Versuchen Sie, ein Thema zu finden, das Sie mit Ihrem Gesprächspartner verbindet. So stärken Sie das Vertrauensverhältnis und lassen ihn quasi an Ihrem Leben teilhaben.

13 Wie Sie mühelos Schweigepausen überbrücken

Folgende Ideen eignen sich als Anfänge für kurze Small-Talk-Geschichten:

- *Sie werden sich kaum vorstellen, was mir gestern/neulich da und da passiert ist …*
- *Gestern erlebte ich auf dem Weg zur Arbeit eine echte Überraschung …*
- *Diese Party erinnert mich an …*
- *Der Fernsehbericht über … hat mich echt fasziniert …*
- *Heute früh diese Glosse im* Tagesspiegel *über …*
- *Seitdem es endlich frühlingshaft ist, kann ich …*
- *Ich bin total glücklich, dass ich Karten für das …-Konzert bekommen habe …*
- *Nach 17 Jahren blüht mein selbst gezogener …-baum endlich …*

Doch Vorsicht! Fassen Sie sich kurz und achten Sie darauf, ob Ihr Gesprächspartner Interesse zeigt. Das merken Sie am besten an seinen Nachfragen, ansonsten langweilt oder überfordert Ihre Geschichte den Zuhörenden vielleicht. Sorgen Sie dafür, dass er wieder leicht in die Unterhaltung einsteigen kann. Beachten Sie, dass bei manchen Menschen schnell Neid oder Minderwertigkeitsgefühle aufkommen, wenn Sie über Ihre Traumvilla sprechen, Ihr neues Fahrzeug der oberen Mittelklasse oder über den Segeltörn durch die Karibik. Gerade wenn Sie den anderen nicht gut kennen, können Sie leicht Missgunst erzeugen und als Angeber gelten. Ansonsten gilt auch die gleiche Strategie wie im Kapitel »Spielanleitung«, Seite 21 ff., vorgestellt.

Wie Sie reagieren, wenn Ihnen zu einem Thema nichts einfällt

Vermutlich ist Ihnen das auch schon einmal passiert: Auf einem Empfang oder auf einer Party vermissen Sie all die netten Leute, die Sie von früheren Gelegenheiten kennen. Wer die Zeit nicht wortlos in einer Ecke verbringen will, wird also neue Kontakte knüpfen. Da trifft man natürlich leicht auf Gesprächspartner mit Interessengebieten, die einem selbst ziemlich fremd sind.

Ein sympathisch wirkender Gast fällt Ihnen auf, weil er die umfangreiche Plattensammlung des Gastgebers betrachtet. Genau wie Sie scheint er auf der Feier niemanden zu kennen. Das verbindet Sie. Als Sie zu ihm herübergehen, sagt der andere erstaunt: »Dies ist tatsächlich eine Erstpressung von King Crimson! Was schätzen Sie, was die wert ist?« Natürlich würden Sie nun gerne eine passende Antwort geben. Was Ihnen allerdings schwer fällt, weil Sie selbst nur klassische Musik hören, Ihnen der Name »King Crimson« noch nie untergekommen ist und Sie keine Vorstellung haben, was Erstpressungen wert sein können. Was antworten Sie in dieser Situation?

Nahe liegende, jedoch ungeschickte Antworten wären: »Keinen Schimmer« oder »Ich interessiere mich nur für klassische Musik«. Damit wäre das Gespräch wahrscheinlich beendet, bevor es überhaupt richtig begonnen hat! Stattdessen können Sie erwidern: »Schwer zu sagen – das weiß der Gastgeber sicherlich genauer. Wir sollten Rolf gleich mal fragen. Geht es Ihnen auch wie mir, dass Sie außer Rolf hier niemanden kennen? Ich heiße übrigens Matthias und habe mit Rolf in Mannheim BWL studiert. Und woher kennen Sie Rolf?« Nun ist das Eis gebrochen, und Sie werden sicherlich auch Themen finden, die beide interessieren.

Ein anderes Beispiel, diesmal aus der Arbeitswelt. Auch hier kommt man leicht in die Situation, auf eine vielleicht sogar nett gemeinte Frage keine Antwort parat zu haben. Stellen Sie sich vor, Sie haben anlässlich Ihres 30. Geburtstages Ihre Kollegen und Vorgesetzten zu einem kleinen Umtrunk eingeladen, weil dies nun einmal Usus in diesem Unternehmen ist, in dem Sie selbst noch relativ neu sind. In der Runde von zwölf Personen fragt Sie Ihr Chef: »Sagen Sie, Frau Mendel, Sie kommen doch aus dem Rheinland. Was ist eigentlich der Ursprung des Karnevals?« Gemustert von elf Augenpaaren und bemüht, nichts Dummes zu sagen, rächt es sich jetzt, dass Sie sich nie so recht für Geschichte interessiert haben. Ursprünge des Karnevals? Sie wissen es nicht. Aber das sagen Sie natürlich nicht. Small-Talk-erfahren, wie Sie sind, ist Ihnen bewusst, dass es Ihrem Vorgesetzten natürlich nicht ums Abfragen von Geschichtskenntnissen geht. Er möchte Sie ganz einfach in den Mittelpunkt des Gesprächs stellen – schließlich ist es Ihr Geburtstag! Als umsichtiger Gesprächspartner nimmt er mit seiner Frage Bezug auf Ihre Heimatregion. Aber was antworten Sie nun?

Einstieg kann Ihre erste Assoziation sein: »Bei Karneval denke ich vor allem an die Tage und Nächte, die ich durchgefeiert habe.« Befreiendes Lachen oder auch nur wohlwollendes Lächeln, das kann jeder nachvollziehen. Und nun erinnern Sie sich an das Wort »Ursprung«, zu dem Sie Stellung beziehen sollen. Gewinnen Sie Zeit, indem Sie die Frage in veränderter Form zurückgeben: »Denken Sie eher an den religiösen, historischen oder regionalen Ursprung des Karnevals?« Jetzt ist Ihr Chef dran: »Eigentlich dachte ich, es hätte was mit dem Kirchenjahr zu tun.« Inzwischen kommt hoffentlich Ihre Erinnerung bruchstückhaft zurück: »Da haben Sie Recht, es sind die Tage vor der Fastenzeit. Soweit ich weiß, ist diese Tradition schon mit den alten Römern ins Rheinland gekommen.« Das reicht als Antwort, denn niemand wollte einen Vortrag hören. Sie hatten Gelegenheit, Ihren Erfahrungsschatz zu teilen. Darum ging es letztlich.

Besonders unangenehm ist es natürlich, wenn man Ihnen bei einem Small Talk zu Beginn eines wichtigen Geschäftstermins eine schwierige Frage stellt, die Sie nicht beantworten können. Angenommen, Sie waren vor dem Termin übers Wochenende mit Ihrer Familie verreist. Entspannung pur! Kein Fernsehen, kein Radio, keine Tageszeitung!

Auch während der Fahrt in die Firma lassen Sie das Autoradio ausgeschaltet, um noch einmal Ihre Argumentationsstrategie zu durchdenken. Fachlich sind Sie also sehr gut vorbereitet, aber dass am Freitagabend der Wirtschaftsminister Ihres Bundeslandes überraschend zurückgetreten ist, haben Sie nicht gehört.

Für die Verhandlungen mit Ihrem Geschäftspartner ist dieser Vorfall von großer Bedeutung, da der Minister ein Förderprogramm geplant hatte, das die Produkte Ihres Unternehmens wesentlich preisgünstiger gemacht hätte. Was für ein ungünstiger Zeitpunkt, und Sie sind völlig ahnungslos! Ihr Geschäftspartner überrascht Sie kurz nach der Begrüßung mit den Worten: »Na, wer hätte das gedacht, dass sich der Lehmann vor der Verantwortung drückt! Was halten Sie davon?«

Schrecksekunde bei Ihnen. Was ist passiert? Hat der Minister seinen Vorschlag zurückgezogen oder ist er von seinem Amt zurückgetreten? Ihr Gehirn arbeitet blitzschnell, Sie wollen sich keine Blöße geben, sondern herausbekommen, was vorgefallen ist. »Dass er nicht alle seine Pläne durchsetzen würde, war zu erwarten, aber dass es nun so weit kommen würde ....« Vermutlich wird Ihr Gegenüber die Gelegenheit ergreifen, nun seine Sicht auf die Dinge zu schildern. Das gibt Ihnen Zeit, nachzudenken und Ihre Vorgehensweise anzupassen.

Wer im Überspielen von Wissenslücken nicht ganz so geübt ist, zeigt sich einfach erstaunt: »Sagen Sie bloß, er ist doch zurückgetreten. Ich war am Wochenende verreist und habe gar keine Nachrichten gehört. Erzählen Sie mir doch bitte Genaueres. Ich bin gespannt!« Der andere wird Ihnen vermutlich gerne alle Details plus seine Bewertung schildern, während Sie die geänderte Lage in Ihre Verhandlungsstrategie einbeziehen können.

Wie geht man also mit Fragen um, auf die einem keine rechte Antwort einfällt? Zunächst kann man versuchen, Zeit zu gewinnen. Hier bieten sich Floskeln an wie »Das ist eine sehr interessante Frage! Da muss man sicherlich verschiedene Aspekte berücksichtigen ...« Wenn Sie Glück haben, wird Ihr Gegenüber ungeduldig und beantwortet die Frage dann doch lieber selbst.

Sie können natürlich auch Gegenfragen stellen oder darum bitten, dass die Frage wiederholt oder näher erläutert wird. Manche umschiffen ungeliebte Fragen auch, indem sie einfach über Dinge reden, mit denen sie sich auskennen. Mehr oder weniger elegant gehen sie zu anderen Themen über. Am besten funktioniert dies bei mehrteiligen Fragen, die sich wunderbar auseinandernehmen lassen. Wer besonders geschickt ist, eröffnet eine Diskussion um das Thema, indem er kontroverse Aspekte in den Raum stellt und den Gesprächspartner so dazu bringt, Stellung zu beziehen.

ÜBUNG

Versuchen Sie einmal, mit wenigen Sätzen die Plattform für eine Diskussion über das Für und Wider von Betriebsferien/elektronischer Zeiterfassung/kontroverses Thema Ihrer Wahl zu bilden!

Besprechen Sie nicht alles mit jedem

Wenn wir uns mit anderen unterhalten, wird es nicht immer nur um die Modefarben des kommenden Frühjahrs gehen. Manchmal beschäftigen einen ernstere Probleme, und genau darüber will und muss man auch mit anderen reden. Allerdings sollte man sich fragen, ob der Small Talk mit flüchtigen Bekannten den richtigen Auftakt oder Rahmen dazu bildet. Am folgenden Beispiel wird deutlich, worauf wir hinauswollen.

Es ist Freitagabend. Fünf Minuten von Ihrem Büro entfernt hat eine neue Cocktailbar eröffnet. Dort ist von 17 bis 19 Uhr Happy Hour angesagt. Alle Drinks kosten nur die Hälfte. Nichts wie hin! Die Kolleginnen aus der Werbeabteilung sind auch ganz angetan von der Idee. Scheinen auch ganz nett zu sein, die Damen. Bisher kannte man sich nur flüchtig, aber das lässt sich ja ändern. Lecker, die Caipirinhas. Nach der dritten Runde werden die Gespräche dann auch etwas persönlicher.

Kollegin A erzählt, ihr Freund behandele sie nicht besonders nett. Kollegin B nickt verständnisvoll. Ihr Mann kann ebenfalls ziemlich gemein werden, wenn es darauf ankommt. Sie bringt dafür verschiedene, sehr anschauliche Beispiele. Der Freund von Kollegin C wird gelegentlich handgreiflich, wenn er etwas getrunken hat.

Jetzt sind Sie an der Reihe. Drei Augenpaare richten sich erwartungsvoll auf sie. Wollten Sie sich an der Steigerung dieser sicherlich sehr traurigen, aber eben auch sehr vertraulichen Geschichten beteiligen, müssten Sie Ihren Ehemann schon als Massenmörder präsentieren, um mithalten zu können. Nun möchten wir uns bestimmt nicht über Menschen lustig machen, die über ihre Probleme reden. Allerdings sollte man darauf achten, mit *wem* man *worüber* spricht, und muss natürlich auch bedenken, dass Alkohol die Zunge lockert. Sie kennen den Spruch »Betrunkene und Kinder sagen immer die Wahrheit«. Stimmt vermutlich nicht so ganz, aber im enthemmten Zustand erzählt mancher Dinge, die ihm hinterher leid tun. Ist einem das erst einmal klar, trinkt man entsprechend weniger und kontrolliert sich selbst.

Den meisten Männern fällt es schwer, den eben beschriebenen Seelenstriptease der weiblichen Cocktailrunde nachzuvollziehen. Sie unterhalten sich zwar nicht nur über neue Autos und Computer-Speicherkapazitäten, aber eine gewisse Vorliebe für solche Themen ist vorhanden. Doch auch karriereorientierte, imagebewusste Frauen überlegen sich sehr genau, was sie von sich preisgeben.

Um es ganz deutlich zu sagen: Dies ist kein Aufruf, Probleme in sich reinzufressen und »heile Welt zu spielen«. Im Gegenteil. Wer Schwierigkeiten hat, sollte darüber reden. Nur eben nicht in Small-Talk-Situationen mit flüchtigen Bekannten aus dem Nachbarbüro, die Vertrauliches unter Umständen schneller verbreiten als den neuen Grippevirus. Probleme bespricht man am besten mit Partnern oder guten Freunden, denen man schon seit Jahren vertraut. Oder man wendet sich an Experten wie Psychologen und Psychiater, vielleicht auch die freundlichen Telefonseelsorger, die allesamt kompetente Gesprächspartner in der Not sein können. Wo es Bekannten manchmal an Einfühlungsvermögen fehlt, gelingt es Fachleuten, Problembeladenen wieder Mut und Kraft zu geben.

Falls sich jemand im Small Talk mit seinen Problemen an Sie wendet, sollten Sie sehr zurückhaltend sein mit unüberlegten »guten Ratschlägen«. Am wichtigsten und gleichzeitig auch am hilfreichsten ist, dass Sie in Ruhe Ihrem Gegenüber zuhören. Wenn Sie dann später antworten, geht es gar nicht um schnelle Lösungsvorschläge, sondern um Unterstützung. Betonen Sie, wie sehr Sie die Stärke des anderen bewundern und seinen Mut, solche Situationen durchzustehen bzw. die geschilderten Probleme anzupacken.

Eine andere Szene: Etwas überrascht sind Sie schon. Als Sie nach Büroschluss abends gerade in ihr Auto steigen wollen, kommt eine Kollegin, mit der Sie bisher kaum jemals ein Wort gewechselt hatten, auf Sie zugeschossen und fragt Sie mehr oder weniger beiläufig: »Na, Sie sehen ja ganz schön geschafft aus heute Abend. Wie läuft's denn mit dem neuen Abteilungsleiter?«

Natürlich ist es möglich, dass sie diese Frage aus reiner Anteilnahme stellt. Wenn andere Ihre harte Arbeit anerkennen, hören Sie das unter Umständen ganz gern. Wahrscheinlicher ist allerdings, dass die Kollegin nicht nur nett plaudern will, sondern eine bestimmte Absicht verfolgt. Da Sie die Dame kaum kennen und nicht wissen, in welcher Beziehung sie zu dem angesprochenen neuen Abteilungsleiter steht, müssen Sie wieder einmal Ihr diplomatisches Geschick bemühen. Anstatt loszuwettern, der neue Chef sei wirklich ein Tyrann, lächeln Sie charmant zurück: »Ich bin froh, dass mal frischer Wind in die Abteilung gekommen ist. Klar, wenn neue Ziele gesetzt werden, bringt das auch Veränderungen mit sich. Das ist schon eine Herausforderung, aber es ist auch ein gutes Gefühl, wenn sich wieder etwas bewegt.«

Die Kollegin wird enttäuscht sein. Hatte Sie doch auf Horrorgeschichten gehofft, die wunderbaren Stoff für firmeninternen Klatsch und Tratsch geliefert hätten. Aus Ihrer Antwort lässt sich jedoch kaum ein Skandal konstruieren. Gut für Sie! Und Glückwunsch zu Ihrer Weitsicht!

Es gibt keinen Grund, paranoid zu werden und hinter jeder Frage aus dem

Kollegenkreis gleich eine Verschwörung zu vermuten. Aber wie gesagt: Mit Small Talks werden natürlich häufig genug auch ganz bestimmte Ziele verfolgt und erreicht. Kommunikationsprofis verlieren niemals die Kontrolle über diese Ziele und fragen sich auch immer wieder, was hinter einer Frage steckt.

Zum Umgang mit Fragen, die Sie nicht beantworten wollen

Ein weiterer wichtiger Aspekt: Wie geht man mit Fragen um, die man nicht beantworten will? Zum Glück hat man so viele Möglichkeiten, wie es Fragen gibt. Wie möchten Sie sich Ihrem Gesprächspartner denn präsentieren? Wollen Sie charmant, lieb, unschuldig, nichtwissend bis ahnungslos erscheinen oder sich lieber als schlagfertig, unerschrocken, radikal, ironisch und unnahbar präsentieren? Der geübte Small Talker nutzt die ganze Klaviatur, wählt mal die eine und mal die andere Form.

Schauen wir uns ein konkretes Beispiel an. Ihr Gegenüber fragt Sie: »Erzählen Sie mal, was verdienen Sie eigentlich genau?« Nehmen wir in diesem Fall einmal an, Sie möchten über dieses Thema nicht reden. Vielleicht zeigen Sie sich dann von Ihrer charmanten Seite, setzten ein gewinnendes Lächeln auf und antworten: »Ach, danke, ich bin sehr zufrieden. Nett, dass Sie sich erkundigen. Ich glaube, ich bin recht gut, wenn es ums Verhandeln geht. Und so habe ich mit meinem Arbeitgeber ganz ordentliche Konditionen aushandeln können. Natürlich möchte man immer mehr verdienen, aber ich bin im ständigen Dialog mit meinen Chef. Da sind jährliche Gehaltserhöhungen durchaus realistisch.«

Falls der Fragesteller auch nur ansatzweise ein Gespür für Gesprächssituationen hat, wird er gemerkt haben, dass Sie dieses Thema nicht vertiefen wollen. Der eine mag das akzeptieren und einen anderen Punkt ansprechen, der Nächste wird nachbohren: »Ach ja, und wie viel Euro überweist Ihnen Ihr Chef so jeden Monat?« Jetzt wird es schon etwas interessanter. Sie können weiterhin freundlich und diplomatisch bleiben oder sehr schnell klare Fronten schaffen. Wer sich für die erste Möglichkeit entscheidet, wird so etwas antworten wie: »Oh, da muss ich gestehen, das habe ich gar nicht im Kopf. Da müsste ich zu Hause einen Blick auf die Kontoauszüge werfen.« Wer es deutlicher mag, wird möglicherweise kontern: »Wissen Sie was? Ich glaube, dass Sie das überhaupt nichts angeht!« Es kann etwas wunderbar Erfrischendes haben, sich nicht immer nur vorsichtig und mit Bedacht zu äußern. Dumm nur, dass sich die Opfer solcher Befreiungsschläge noch Jahre später daran erinnern. Aber Ihnen als Ausgefragtem könnte es ja auch so gehen, und dann wären sie quitt.

Welche weiteren Möglichkeiten gibt es, auf ungeliebte Fragen zu reagieren? Angenommen, Ihr Gesprächspartner fragt Sie: »Was ist denn in Ihrer alten Firma nun genau vorgefallen, dass Sie gekündigt haben?« Vermutlich denken Sie in diesem Moment: »Das geht Sie überhaupt nichts an.« Aber so deutlich wollen Sie das nicht sagen. Stattdessen lächeln Sie freundlich und antworten »Irgendwann kommt die Zeit für neue Herausforderungen, und diesen Zeitpunkt habe ich jetzt gerade erreicht.«

Falls der andere nicht lockerlassen will und nachhakt: »Nun erzählen Sie mal! Irgendetwas wird doch passiert sein«, bleiben Sie ruhig und charmant und wiederholen Sie ganz einfach Ihre ursprüngliche Antwort, und das notfalls auch drei- oder viermal: »Irgendwann kommt einfach eine Zeit für neue Herausforderungen, und für mich war es jetzt der richtige Zeitpunkt.« Das klingt natürlich sehr nach kaputter Schallplatte, aber auf diese Weise bringen Sie früher oder später auch die aufdringlichsten Fragesteller zum Schweigen, ohne dabei die Fassung zu verlieren.

14 Über den Umgang mit schwierigen Gesprächspartnern

Schauen Sie sich außerdem Interviews mit Politikern an: »Eine sehr interessante Frage, Frau Will! Ich werde gleich darauf eingehen. Gerne, nur lassen Sie mich bitte vorher noch schnell Folgendes sagen …« Können Sie sich erinnern, dass einer dieser Medienprofis wirklich noch die Ursprungsfrage beantwortete, nachdem er »schnell Folgendes« gesagt hat?

ÜBUNG

Machen Sie sich klar, auf welche Fragen bzw. Themen Sie in einem Small Talk nicht eingehen möchten, und wappnen Sie sich mit einer ausweichenden Antwort.

Nun gibt es durchaus auch Fragen, die man beantworten will oder muss. Aber manchmal hätte man schon ganz gerne ein paar Sekunden, um sich eine kluge Antwort zu überlegen. Kein Problem. Eine Denkpause lässt sich leicht erreichen: »Oh, entschuldigen Sie bitte, ich war für einen Moment abgelenkt. Ob Sie bitte Ihre Frage noch einmal wiederholen könnten?«

Natürlichkeit versus Schauspielerei

Niemand wird im Small Talk immer völlig authentisch sein, stets genau das aussprechen, was er gerade denkt und fühlt. Wenn man die richtigen Worte findet, ist Natürlichkeit dem Verstellen, Vortäuschen oder Heucheln sicherlich vorzuziehen. Als souveräner Small Talker steht man zu seiner Meinung. Und selbstverständlich gilt: »Der Ton macht die Musik.« Die Kunst besteht darin, seine Position so zu präsentieren, dass man einerseits Stärke demonstriert, andererseits aber höflich bleibt und strategisch klug handelt. Diplomatie nennt man das. In Gesprächssituationen, in denen man sich unfair behandelt fühlt, wird man seinem Gegenüber zwar freundlich, aber eben auch deutlich zu verstehen geben, dass man sein Verhalten nicht akzeptiert.

Nehmen wir einmal an, Sie arbeiten für ein großes Unternehmen mit Niederlassungen in ganz Deutschland. Anlässlich eines Firmenjubiläums treffen bei einem Abendessen die Mitarbeiter aus verschiedenen Zweigstellen aufeinander. Ihren Tischnachbarn kannten Sie bisher nicht persönlich, aber als Sie seinen Namen hören, verschlägt es Ihnen einen Moment lang die Sprache. Sie wissen, dass dieser Herr Krämer in letzter Zeit versucht hat, Ihren Ruf bei der Konzernleitung zu schädigen, um wahrscheinlich damit seine eigene Position zu stärken. Was sonst? Aber wie verhalten Sie sich jetzt? Verstellen Sie sich? Täuschen Sie vor, von seinen Intrigen nichts zu wissen? Sprechen Sie über den guten Rotwein und die Schönheit Südfrankreichs und versuchen Sie, auf diese Weise Coolness zu demonstrieren?

Oder zeigen Sie Stärke, indem Sie den Herrn neben Ihnen mit folgenden Worten begrüßen: »Guten Abend, Herr Krämer. Ich bin Helmut Neumann. Wie Sie wissen, leite ich die Filiale in Mannheim. Ich bin froh, dass wir uns hier heute Abend persönlich kennen lernen. Ich glaube, wir sollten uns einmal in Ruhe zusammensetzen, um einige Dinge zu klären. Das heutige Abendessen ist dazu sicherlich nicht der richtige Rahmen. Ich werde Sie Anfang nächster Woche anrufen, damit wir einen Termin finden. Aber jetzt freuen wir uns lieber über die gelungene Feier heute Abend.«

Mit diesen Sätzen zeigen Sie Stärke, ohne ausfallend zu werden. Auf so viel Authentizität, dass man am falschen Ort zur falschen Zeit gleich laut wird, verzichtet man dann doch besser.

Zum Glück muss man sich in Gesprächen nicht immer wie in der gerade beschriebenen Situation gegen Intrigen zur Wehr setzen. Manchmal geht es um Geschmack, über den sich bekanntlich vortrefflich streiten lässt. Bevor man Menschen, die man kaum oder gar nicht kennt, erzählt, ihre Wohnung oder Kleidung seien scheußlich, wird man sich lieber verstellen. Das sollte aber wiederum nicht so weit gehen, dass man genau das Gegenteil dessen behauptet, was man wirklich empfindet. Nehmen wir an, Sie betreten eine Wohnung. Sie persönlich würden es in dieser Einrichtung keine fünf Minuten aushalten. Falls der Wohnungsinhaber Sie nicht gerade fragt: »Nun, wie finden Sie meine Einrichtung?«, äußern Sie sich am besten gar nicht. Wenn Sie aber um ein Urteil gebeten werden, dann sind Höflichkeit und Diplomatie angesagt: »Gemütlich haben Sie es hier.« Wichtig ist, den anderen in seinen Gefühlen nicht zu verletzen. Übertreibungen wie »Es ist wunderschön hier! So möchte ich auch gerne wohnen!« kann man sich getrost ersparen.

Unterscheiden Sie zwischen Schlagfertigkeit und Bosheit

Eines ist klar: Auf wirklich freche Bemerkungen im Small-Talk-Begegnungsstadium dürfen Sie angemessen schlagfertig reagieren. Schließlich wollen Sie nicht als geistig unbeweglich oder mimosenhaft gelten. Ob man selbst den Schlagabtausch eröffnet, ist Temperaments- und Geschmackssache und verlangt vor allem Fingerspitzengefühl. Was der eine zum Brüllen komisch findet, verletzt den anderen zutiefst.

In Schlagfertigkeit steckt das Wort »Schlag«, und Schläge hinterlassen oft Wunden. Die meisten »witzigen« Kommentare haben einen ironischen, wenn nicht sarkastischen Unterton. In den Kommentar »Schicker Rock, Frau Neumann. Hat Ihre Tochter Ihnen den geliehen?«, kann man leicht Folgendes hineininterpretieren: »Sie sind viel zu alt für dieses Kleidungsstück und sehen absolut lächerlich darin aus.« Ob diese Botschaft intendiert war und so deutlich vermittelt werden sollte, ist eine ganz andere Frage.

Wie wird Frau Neumann, die genau wie ihre Gesprächspartnerin 45 Jahre alt ist, auf diese Attacke nun reagieren? Sie kann beleidigt sein, gar nicht antworten und die Fragestellerin für die nächste Zeit mit Nichtachtung strafen. Allerdings wäre das nicht klug und schon gar nicht schlagfertig. Geschickt ist es in einer solchen Situation, auf die beleidigende Anspielung nicht weiter einzugehen und zu erwidern: »Ja, das haben Sie richtig erkannt. Meine Tochter ist zum Glück ganz kooperativ, wenn es um Kleidertausch geht. Und Julia hat ja nun wirklich hübsche Sachen, nicht wahr?« Abends kann sie dann zu Hause in einer ruhigen Minute überlegen, ob ihre Kollegin nicht auch ein wenig Recht hatte und dass pinkfarbene Miniröcke mit lustigen Tiermotiven eher etwas für Teenager sind.

Will Frau Neumann ihrerseits zum Schlag ausholen, kann Sie natürlich auch wie folgt retournieren: »Ach, prima, Frau Fischer, dass Sie gerade das Thema Kleidung ansprechen. Ich musste kürzlich an Sie denken, als ich an einem Secondhandshop mit sehr preisgünstiger, relativ gut erhaltener Kleidung für die ältere Generation vorbeikam. Beim flüchtigen Blick ins Schaufenster dachte ich, die Sachen ließen sich wunderbar mit dem kombinieren, was Frau Fischer sonst so trägt. Die Adresse kann ich Ihnen gerne geben.« Mit dieser Antwort hat Frau Neumann zwar keine neue Freundin gewonnen, aber wirkungsvoll gezeigt, dass sie in Zukunft gerne auf Frau Fischers Stilberatung verzichtet.

In vielen Fällen sollen schlagfertige Bemerkungen unter die Gürtellinie gehen, aber manchmal will man nur einfach spritzig und witzig erscheinen, Einfallsreichtum, Scharfsinn, Geistesgegenwart und Klugheit beweisen oder vielleicht auch nur Konversation machen. Das Problem ist nur, dass man meist nicht weiß, wie der Gesprächspartner das Gesagte aufnehmen wird.

Schauen Sie sich folgende Situation an. Frau Kramer, stolze Mutter eines neugeborenen Sohns, betritt die Schlachterei. Die Geschäftsinhaberin begrüßt sie freudig: »Herzlichen Glückwunsch zum kleinen Benno. Ich habe die Geburtsanzeige in der Zeitung gesehen. Bei dem Namen werden bei mir ganz sentimentale Erinnerungen wach. Meine Eltern hatten früher einen Hund, der genauso hieß.« Mag durchaus stimmen und ist vermutlich noch nicht einmal böse gemeint, denn welche Geschäftsfrau will schon eine gute Kundin verlieren. Fakt ist nur, dass Frau Kramer sehr verärgert ist. Sie findet es überhaupt nicht komisch, wenn der Name ihres Sohnes an einen Hund erinnert.

In ihrer Antwort kann sie die Kränkung unterdrücken: »Ach, das wusste ich gar nicht, dass Ihre Eltern Hunde hatten. Ich bin selbst eine große Hundefreundin.« Oder sie giftet zurück: »Es wundert mich überhaupt nicht, dass Sie immer gleich an Hunde denken. Ihre Fleischqualität hat ja in den letzten Monaten auch so nachgelassen, dass man Ihr Gulasch eigentlich nur noch an Hunde verfüttern möchte.«

Sie merken es schon, Schlagfertigkeit in einer Small-Talk-Situation eröffnet Ihnen ungeahnte Möglichkeiten. Je nach Situation, Intention und Laune können Sie mal den lieben Naiven spielen oder eben auch mit Witz oder Bissigkeit zurückschlagen. Schade nur, dass einem die schönsten Retourkutschen häufig zu spät einfallen.

Unvergessen bleibt uns ein »Beratungsgespräch«, das vor einiger Zeit in einer Buchhandlung stattfand. Gut gelaunt und nichts ahnend wandten wir uns an eine der Verkäuferinnen. »Guten Tag, sagen Sie, können Sie uns vielleicht freundlicherweise helfen? Wir haben uns schon bei den Romanen umgeschaut, fanden aber nichts von Carl Hiaasen. Mit Ihrer Unterstützung werden wir sicherlich schneller fündig.« Die Buchhändlerin überlegte nicht lange: »Ach ja, Hiaasen, nach dem fragen die ganzen Prolls, die nach Florida fliegen. Das sind im Übrigen keine Romane, die der schreibt, das sind irgendwelche Krimis, und die gibt es im Erdgeschoss neben der Hobbyabteilung.«

Mehr als »Ah ja« haben wir damals gar nicht erwidert. Heute würden wir kontern. Wie gefällt Ihnen die folgende Antwort: »Oh, prima. Sehen Sie, das ist genau das, was uns immer wieder in diese Buchhandlung treibt. Hier wird nicht lieblos vom Stapel verkauft, hier wird man noch individuell beraten. Und schon wieder haben wir etwas hinzugelernt. Als Hiaasen-Leser scheinen wir nicht übermäßig mit Intelligenz belastet zu sein. Aber vielleicht ist ja noch nicht alles verloren. Nehmen wir also mal was mit Niveau. Sagen Sie, hat Franz Kafka in letzter Zeit was Neues geschrieben? Für uns als Architektur-Interessierte käme vielleicht *Das Schloss* infrage. Aber wer weiß, vielleicht gibt es ja schon was Aktuelleres von ihm.«

Schlagfertigkeit bietet sich auch an, wenn man eine Frage nicht beantworten will:

»Sagen Sie mal, wie alt sind Sie eigentlich?«
»Ach, ich denke, wir sind ungefähr ein Alter.«
»Damit haben Sie meine Frage aber noch nicht beantwortet.«
»Aber, ich bitte Sie. Nun enttäuschen Sie mich aber nicht. Sie werden doch wissen, wie alt Sie sind, oder?«

Wir lieben Schlagfertigkeit. Im Supermarkt bei uns um die Ecke gibt es fünf Kassen. Vier sind in der Regel mit sehr höflichen Damen besetzt. »Oh, warten Sie mal, ich gebe Ihnen lieber noch eine zweite Tüte. Und einen wunderschönen Abend noch wünsche ich Ihnen.« Die fünfte Kassiererin ist etwas kecker. Irgendeine »Frechheit« fällt ihr immer ein, und zum Glück jedes Mal eine andere. »Junger Mann, die Äpfel wieder mal nicht gewogen, wa? Haben Sie heute Abend noch nichts vor? Dann probieren wir die Obstwaage mal gemeinsam aus. So schwer ist das gar nicht!«

Achtung: Klatsch und Tratsch!

Hauptmerkmal von Klatsch ist blitzschnelle Verbreitung bei gleichzeitiger immer stärker werdender Verfremdung. »Hast du schon gehört ... Aber erzähl das bloß nicht weiter. Beate hat mich um absolute Verschwiegenheit gebeten. Also, wenn du mich fragst, ist das überhaupt nur die halbe Geschichte. Ich wette, dass sie außerdem noch ...«

Wie geht man mit Klatsch und Tratsch um? Niemand wird von sich behaupten können, er beteilige sich niemals an Lästerei. Allerdings sollte man bedenken, dass die Dinge, die man weiterträgt, mindestens genauso viel über einen selbst wie über das »Opfer« verraten. Darüber hinaus sieht Ihr Gesprächspartner, wie Sie mit Vertraulichem umgehen, und wird tunlichst darauf achten, mit Ihnen nur Oberflächliches zu bereden. Wenn Sie ihm Intimes von einer Kollegin berichten, kann er davon ausgehen, dass Sie eben dieser Kollegin auch Dinge aus seiner Privatsphäre »anvertrauen«.

Es ist schon abenteuerlich, mit welcher Begeisterung in der Arbeitswelt (und natürlich auch im Privatleben) geklatscht wird. Nur in Ausnahmefällen hört man da einmal etwas Positives über Kollegen. Kaum jemand wird geschont. Sonnabends war Kollegin Müller noch auf Herrn Meiers Geburtstag und hat sich dort königlich amüsiert, montags ist der arme Meier in Frau Müllers Schilderungen dann schon wieder »der blöde Idiot«. Wer schlau ist (im Sinne von sozialer Kompetenz), hält sich mit negativen Äußerungen zurück, auch wenn er noch so eindringlich dazu aufgefordert wird.

Vorsicht ist die eine Seite, strategisches Denken und Weitsicht die andere. Wenn Kollegen tuschelnd in der Ecke zusammenstehen, wird sicherlich auch getratscht (und das ist dann unter Umständen nicht Ihr Stil). Aber in diesen vertraulichen Gesprächen werden häufig auch wichtige betriebsinterne Neuigkeiten weitergegeben, die Sie nicht unbedingt auf der Homepage Ihrer Firma finden. Mit anderen Worten: Wer schon aus Prinzip nicht an informellen Gesprächen im Kollegenkreis teilnimmt, der lebt möglicherweise im Tal der Ahnungslosen.

Wenn Sie über anstehende Veränderungen im Betrieb nicht erst aus der Zeitung erfahren wollen, dürfen und sollten Sie sich auch am Klatsch beteiligen, denn anderenfalls gelten Sie sehr schnell als Außenseiter. Am geschicktesten jedoch, Sie spezialisieren sich beim Lästern auf harmlose Gemeinheiten. Sie können über Ihren Vorgesetzten Lehmann sagen, er trage altmodische Hemden, oder verbreiten, er sei ein absolut intrigantes Schwein. Beide »Informationen« werden früher oder später auf Umwegen vermutlich auch Herrn

Lehmann erreichen. Mit dem ersten Kommentar reißen Sie sich selbst weniger dramatisch ins Verderben als mit der zweiten Einschätzung.

Natürlich halten manche Ihrer Kollegen Sie für einen Spielverderber, wenn Sie sich allzu vorsichtig äußern. Kollegen, die es sich nicht nehmen lassen, regelmäßig bei einem Glas Bier oder auch zweien sämtliche Mitarbeiter ihres Unternehmens von A bis Z durchzuhecheln (»Über wen haben wir denn heute noch nicht gelästert?«), werden traurig sein, wenn Ihre Beiträge recht harmlos daherkommen. Bei anderen Kollegen wiederum gewinnen Sie mit solcher Reserviertheit Pluspunkte. Wer sich mit geschmacklosen Äußerungen zurückhält, sorgt für ein positives, vertrauenswürdiges Image.

Vom Angeben und Neid-Hervorrufen

Man selbst wird in der Regel hoffentlich schlau genug sein, um sich nicht unnötig die Laune mit Neidgefühlen zu ruinieren. Bevor wir unsere wertvolle Zeit mit Missgunst vergeuden, freuen wir uns lieber über eigene Ideen und Erfolge. Begegnet man Gesprächspartnern, die stundenlang ihre Reichtümer aufzählen (Sie kennen den Werbespot: »Mein Auto, mein Boot, mein Haus …«) dann gibt uns das höchstens einen interessanten Einblick in die Psyche des anderen. Wie lautet noch gleich das Sprichwort: Wer angibt, hat es nötig. Allerdings heißt es auch: Wer angibt, hat mehr vom Leben.

Wie weit dürfen oder sollten persönliche Erfolge und materieller Reichtum im Small Talk präsentiert werden? Wie bei jedem anderen Themenkomplex hat man dabei die Position des Gesprächspartners zu berücksichtigen. Häufig lässt sich vorher abschätzen, wie der andere auf Schilderungen reagieren könnte.

Auch mit viel Wohlwollen fällt es schwer, Angeberei irgendetwas Positives abzugewinnen. Nur ändert diese Einsicht nichts daran, dass der Hang zur geschönten Selbstdarstellung bis hin zu fetter Prahlerei in jedem von uns zumindest ansatzweise vorhanden ist. Was erreicht man nun mit Aufschneiderei? Der eine wird neidisch, die Nächste langweilt sich. Beide denken: »Warum hält der Arme nicht einfach den Mund oder spricht übers Wetter?«

Die »Du/Sie-Frage« am Arbeitsplatz und anderswo

Jemanden, den man nicht kennt, spricht man besser auch gar nicht erst an – so eine von deutschen Eltern häufig vermittelte Verhaltens- und Benimmregel für Kinder. Es sei denn, man hat eine ganz wichtige Frage und die angesprochene Person trägt eine Uniform, idealerweise eine Polizeiuniform. Sicherlich macht diese frühe strenge Erziehungsbotschaft später vielen Erwachsenen das Small Talken nicht leichter.

Jemanden, den man nicht kennt, siezt man – in Deutschland, wenn man selbst etwa fünf, sechs Jahre alt ist und die angesprochene Person ungefähr doppelt so groß ist wie man selbst. So lernen es die meisten Kinder. Später lernt man es selbst sehr zu schätzen, wenn die Lehrer einen ab der 10. Klasse zwar mit Vornamen, aber auch per Sie ansprechen. Untereinander duzt man sich weiter und beherrscht ohne Mühe die Gabe zu entscheiden, wann man einen Erwachsenen besser siezt und wann nicht. Spätestens ab Mitte zwanzig steigt die Verunsicherung ganz besonders in der Handhabung des Siezens und Duzens am Arbeitsplatz.

Vermutlich kennen Sie das folgende Problem: Sie würden eine Kollegin oder einen Kollegen gerne duzen, sind sich aber nicht sicher, ob dies angemessen wäre. Wenn Sie aus diesem Grund die direkte Anrede vermeiden, um bloß nichts falsch zu machen, behindert dies natürlich die Kommunikation. So kommt es schnell zu verkrampften Situationen oder Missverständnissen. Kein guter Ausgangspunkt, um locker und leicht ins Gespräch zu kommen.

Ein ungewöhnliches Beispiel fürs Duzen oder Siezen im Beruf kennen Sie sicherlich aus dem Supermarkt: »Frau Müller, bringst du mir mal ein Paket Butter?« Die Angestellten müssen sich vor dem Kunden mit dem Familiennamen anreden, dürfen sich jedoch duzen. Auch den umgekehrten Fall, also Anrede mit Vornamen und Sie, gibt es im beruflichen Alltag: Eine 17-jährige Auszubildende wird vielleicht von ihrem Chef mit dem Vornamen angesprochen, jedoch gesiezt, z. B. in Handwerksberufen.

In manchen Firmen sorgen rigide Vorschriften oder eine eindeutig geregelte Unternehmenskultur dafür, dass über diese Frage nicht nachgedacht zu werden braucht: Alle müssen sich auf eine bestimmte Art anreden. Bei Ikea zum Beispiel duzen sich alle Beschäftigten, vom Lagerarbeiter bis zum Deutschland-Chef. Doch so unkompliziert geht es in deutschen Unternehmen selten zu. Meist existieren ungeschriebene Gesetze, die es herauszufinden gilt.

Welchen Unterschied macht es nun, ob man sich am Arbeitsplatz mit »Sie« oder »du« anspricht? Die entsprechenden Anredeformen sind unter anderem ein Zeichen für die Distanz zwischen den Gesprächspartnern. Aber auch unterschiedliches Alter und verschiedene Hierarchieebenen müssen bedacht werden. So bietet in aller Regel der ältere dem jüngeren Kollegen das Du an, der Vorgesetzte seinem Mitarbeiter, der langjährige dem neuen Kollegen. Die frühere Regel, dass die Dame dem Herrn das Du anbietet, können Sie getrost vergessen.

Wie verhalten Sie sich, wenn Sie neu in eine Firma eintreten, jedoch mindestens 15 Jahre älter als Ihre Kollegin sind? Am besten, Sie warten zunächst einmal ab. Normalerweise kommen die »Alteingesessenen« irgendwann auf Sie zu. Es braucht Zeit, bis ein gewisses Vertrauensverhältnis aufgebaut ist – manchmal wenige Tage, vielleicht aber auch einige Wochen, Monate oder Jahre. Unter Umständen kommt das Du auch überhaupt nicht zu Stande.

Wenn Sie sich nach einer Weile gut am neuen Arbeitsplatz eingelebt haben und die engste Kollegin siezt Sie immer noch, obwohl sie fast alle anderen duzt, können Sie sie ruhig darauf ansprechen. Ihr Wunsch, auch geduzt zu werden, ist durchaus verständlich, denn das Du würde Ihnen das Gefühl geben, auch dazuzugehören. Sprechen Sie Ihre Kollegin also ruhig darauf an: »Nun bin ich schon drei Monate hier und wir beide arbeiten – wie ich finde – ganz gut zusammen. Wie sehen Sie das? Wie wäre es denn, wenn wir zum Du übergehen würden?« An der Reaktion Ihrer Kollegin werden Sie schnell merken, was sie von diesem Vorschlag hält. Meist wird sie ihn annehmen, weil sie genauso empfindet, sich jedoch nicht getraut hat: Der Statusunterschied Alter wird von vielen Personen für bedeutender gehalten als die Dauer der Zugehörigkeit. Hinzu kommt, dass es manchen jüngeren Mitarbeitern schwer fällt, Kollegen zu duzen, die ihre Mutter oder ihr Vater sein könnten!

Falls Sie den Eindruck haben, dass Ihre Kollegin gerade zum Du übergeht, hören Sie genau hin, ob sie es wirklich so meint: Die Aussage »Da bekommst du fünf E-Mails von Herrn Müller und der bildet sich ein, dass du die alle sofort beantwortest ...«, bedeutet wahrscheinlich »Da bekomme ich ...« bzw. »Da bekommt man ...«. Ähnlich verhält es sich mit der kollektiven Anrede »Ihr« für mehrere Kollegen, die nicht unbedingt bedeuten muss, dass der Einzelne geduzt wird. Bei Unsicherheit sollten Sie lieber nachfragen: »Habe ich das richtig verstanden, dass wir jetzt per du sind?« Achten Sie dabei aber auf Ihren Ton. Ein wenig anders intoniert kann das wie eine Beschwerde klingen im Sinne von: »Was erlauben Sie sich eigentlich, seit wann sind wir denn per du?«

Besonderes Einfühlungsvermögen erfordert es, das Du als hierarchisch Höhergestellter einem Mitarbeiter anzubieten. Fingerspitzengefühl ist auch gefragt, wenn es um die Anredeformen zwischen Kollegen geht, die unterschiedlich bezahlt werden oder verschiedene Bildungsabschlüsse haben (zum Beispiel Universität und kaufmännische Lehre). Achten Sie darauf, nicht Einzelnen aus homogenen Gruppen durch das Duzen ein »Sonderrecht« einzuräumen. Außerdem müssen Sie unbedingt deutlich herausstellen, dass das Du gegenseitig gilt: Wenn Sie Ihren Mitarbeiter im Gespräch einfach duzen und ihm nicht explizit sagen, dass auch er Sie duzen soll, könnte er Ihr Du als Abwertung betrachten oder nicht wagen, darauf einzugehen. Als Formulierungen bieten sich zum Beispiel an: »Wir sehen hier nicht alles so förmlich. Ich bin ab jetzt der Paul und du der Karl, wenn Sie damit einverstanden sind?« Oder: »Die Anrede ist bei uns nicht an Hierarchien gekoppelt. Wie wäre es mit Du und Vornamen?«

Kurz gesagt: Wenn Sie den Wechsel der Anredeform offen ansprechen, das heißt nicht nebenbei vollziehen, sind Sie auf der sicheren Seite. Der seltene Fall, dass der Gefragte das Angebot ablehnt, ist zu verschmerzen und vielleicht nur von vorübergehender Dauer. Im Mittelpunkt des Arbeitslebens stehen eine effektive Kommunikation und kollegiale Atmosphäre, die bei jeder Anredeform möglich sein sollten.

Mit anderen Worten: Auch bei einem kollegialen »Sie« kann ein Vertrauensverhältnis aufgebaut werden. Insbesondere etwas ältere Herrn pflegen so – gentlemanlike – die Hochachtung gegenüber Damen oder jüngeren Kollegen. Sie drücken damit Wohlwollen und Wertschätzung aus. Das Angebot, sich zu duzen, käme ihnen wie ein Anbiederungsversuch vor. Sie bevorzugen die »Erwachsenensprache« und wehren sich gegen jeden Versuch der Gleichmacherei. Aus ihrer Sicht ist das Duzen nichts weiter als die Aufgabe gegenseitiger Achtung. Diese Ansicht findet sich in Beispielen aus dem Privatleben wieder: Manche ältere Damen sind seit Jahrzehnten befreundet, treffen sich fast wöchentlich, tauschen sich über private Dinge aus, sprechen sich aber nach wie vor mit »Sie« an!

Genauso wie das Alter als Sozialisationsfaktor bei der Anrede von Bedeutung ist, so spielt auch die Zugehörigkeit zu sozialen Schichten eine Rolle. Bekannt ist die Neigung von »sehr einfachen Leuten«, schnell zum Du überzugehen. Das Gleiche trifft aber auch auf viele Intellektuelle oder auf »Alternative« zu. Wenn Sie als Mittvierziger im Berliner Bezirk Kreuzberg eine der typischen Kneipen besuchen, dann werden Sie vermutlich von der Bedienung geduzt. Das ist in diesem Milieu normale Umgangsform und findet sich auch im beruflichen Kontext wieder.

Und wenn Sie selbst noch deutlich unter vierzig sind (und auch so aussehen bzw. vielleicht auch nur so aussehen, als wenn Sie deutlich ...) und auf einer privaten Einladung andere Gäste ansprechen, die annähernd Ihr Alter haben, dann wirkt »Sie« ziemlich steif, recht förmlich, umständlich, sogar altmodisch. Wenn Sie mit diesem Image keine Probleme haben, großartig. Andernfalls sorgen Sie mit einem Du von Anfang an für eine entspanntere Gesprächsatmosphäre. Wenn Sie sich unsicher sind, wie der andere angesprochen werden möchte, dann fragen Sie doch einfach: »Ich bin Paula Grüneberg. Gerne ›Paula‹, wenn Ihnen oder – besser gesagt – dir das recht ist.« Dass Sie auf förmlicheren Empfängen natürlich nicht frech drauflosduzen, versteht sich von allein.

Manchmal würde man am liebsten Englisch reden. Egal wer einem gegenüberstände, »you« wäre immer richtig. Ganz einfach. Aber dann müsste man auf ein zwar diffiziles, aber überaus wirkungsvolles Small-Talk-Instrument verzichten. Wenn Sie mutig genug sind, wildfremde Menschen einfach zu duzen (was natürlich nur im privaten Bereich möglich ist), dann sagen Sie damit gleichzeitig: »Du bist mir sympathisch! Ich will *dich* näher kennen lernen!« Falls Sie wiederum explizit beim »Sie« bleiben, selbst wenn sich ein Du anbieten würde, dann demonstrieren Sie sehr deutlich »Ich möchte Distanz zu *Ihnen* halten! Kommen *Sie* mir bloß nicht zu nahe!«

Es macht einen himmelweiten Unterschied, ob man einem »Sie« oder einem »Du« gegenübersteht. Die Frage »Ach, Sie sind nur zu Besuch hier in Düsseldorf. Wie gefällt Ihnen denn die Stadt?« lässt im Grunde nur eine sehr unverbindliche, diplomatische Antwort zu. »Nett ist es hier. Heute Nachmittag sind wir am Rhein spazieren gegangen. Und die Königsallee ist schon sehr elegant.« Erkundigen Sie sich stattdessen: »Na, erzähl mal, was sind so deine ersten Eindrücke von Düsseldorf?«, dann wird Ihr Gegenüber sich ungehemmter äußern: »Diese aufgedonnerten Schickis, die über die Kö stolzieren, kann ich im nüchternen Zustand nicht ertragen. Da freue ich mich, wenn ich morgen Abend wieder in Berlin auf dem Prenzelberg bin!« Wie lautet noch gleich dieser Spruch? »Man sagt schneller ›du Esel‹ als ›Sie Esel‹!«

Anfang, Dauer und Ende von Small Talks

Das haben Sie schon gelesen: Jede Reise beginnt mit dem ersten Schritt. Und so beginnt auch Ihr Small Talk mit der kommunikativen Initiative, die Sie ergreifen, dem ersten Satz, um dann dem anderen eine Frage oder ein Stichwort zuzuspielen, an das/die er/sie leicht anknüpfen kann. Diese Phase dauert wenige Sekunden bis einige Minuten, um dann jedem von Ihnen ein Gefühl zu vermitteln: Will ich weitermachen, lohnt es sich, oder ziehe ich mich zurück?

Zur Dauer von Small Talks

Die einzelne Unterhaltung kann noch so faszinierend sein, aber den ganzen Abend sollte sie, ja dürfte sie eigentlich nicht dauern. Eine Viertelstunde oder eine halbe tun es auch, je nach Sympathie kann die Unterhaltung natürlich auch etwas länger dauern. Und zu kurz sollte sie ebenfalls nicht sein, wenn man sein Gegenüber tatsächlich kennen lernen und sich auch an die Situation erinnern beziehungsweise selbst im Gedächtnis bleiben will. Trotzdem lässt sich ein nachhaltiger Eindruck selbstverständlich nicht in Minuten messen. Ziel sollte es sein, einige Menschen kennen zu lernen. Gerade Schüchterne sind schon stolz, wenn sie überhaupt den Mut haben, irgendjemanden anzusprechen. Und an dieses »Opfer« klammern sie sich in ihrer Verzweiflung dann den ganzen, langen Abend. Vielleicht schon aus Angst, anschließend alleine dazustehen. »Wie sieht das denn aus? Was wird der Gastgeber, was werden die anderen Gäste von mir denken, wenn ich einsam am Rand stehe?« Lieber ein todlangweiliges Gespräch als gar keins, lautet da oft die Devise. Ob diese »Strategie« aufgeht, hängt dann vor allem vom Gesprächspartner ab. Ist er ebenfalls dankbar, sich in irgendeiner Form zu beschäftigen, oder zieht er sich sehr schnell mehr oder weniger elegant aus der Affäre? Schauen Sie sich im Folgenden an, wie man Small Talks geschickt beendet.

Der souveräne Gesprächsabschluss

Wir haben uns bisher sehr ausführlich mit dem Gesprächseinstieg beschäftigt. Dabei sollte man nicht die Bedeutung eines souveränen Small-Talk-Abschlusses unterschätzen. Wer am Ende einer Unterhaltung unbeholfen und unsicher agiert, zerstört zumindest teilweise den positiven Eindruck, den er vorher hoffentlich gemacht hatte. Aus diesem Grunde finden Sie im Folgenden einige Tipps zum Beenden von Small Talks, denn was hilft der genialste Einstieg, wenn man nach einer gewissen Zeit keinen sympathischen Abschluss findet?

Es ist verständlich, wenn Sie mit einem Small Talk irgendwann auch mal zu einem Ende kommen wollen. Das könnte beispielsweise der Fall sein, wenn Sie die endlosen Berichte Ihres Gegenübers über die musikalische Begabung seiner Kinder nicht länger anhören möchten. Um den Abschluss wirklich freundlich und selbstbewusst zu gestalten, empfiehlt es sich nicht, eine Entschuldigung zu murmeln, zum Beispiel »Jetzt muss ich unbedingt das Büffet testen«, und sich unauffällig davonzustehlen.

Bei der Beendigung eines Gesprächs lassen Sie den anderen nicht merken, dass Sie allmählich genug von ihm haben und obendrein auch noch ein schlechtes Gewissen bekommen, ihn loszuwerden. Beenden Sie das Gespräch positiv, aber eindeutig: »Es hat mich sehr gefreut, Sie kennen zu lernen. Vielleicht können wir ein anderes Mal dieses Thema vertiefen, denn ich habe dort drüben einen ehemaligen Kollegen entdeckt, den ich schon seit langem sprechen wollte. Noch einen schönen Abend und vielen Dank für das Gespräch!« Blicken Sie ihm dabei freundlich in die Augen und nicht etwa nach unten, sonst wäre Ihre »Flucht« zu offensichtlich.

Manchmal geht es nicht ohne Notlügen. Wer wird es Ihnen verdenken, wenn Sie eilig gehen müssen, weil Sie Ihre Freundin nach einer längeren Geschäftsreise vom Bahnhof abholen wollen und vorher noch Blumen kaufen müssen. Wenn Sie es geschickt anstellen, gewinnen Sie mit dieser Schlussbemerkung sogar noch Pluspunkte. Ihr Gesprächspartner wird vermutlich denken: »Welch ein charmanter Mensch. Wie nett er sich um seine Partnerin kümmert!«

Natürlich gibt es keine feste Regel, wie lang Small Talks auf Veranstaltungen dauern sollen, aber selbst spannende Gespräche kann man bei gegenseitiger Sympathie dann lieber zu einer anderen Zeit an einem anderen Ort fortsetzen. Als routinierter Small Talker will man möglichst viele interessante neue Leute kennen lernen. Schon allein aus diesem Grund verbieten sich also stundenlange Unterhaltungen mit einer Person. Folglich muss es einem nicht peinlich sein, Gespräche nach einer gewissen Zeit zu beenden. Nur sollte man dabei möglichst elegant und souverän vorgehen. Gleiches Recht für alle: Genauso wie Sie sich irgendwann höflich von Ihrem Gesprächspartner verabschieden, sollten Sie nicht verwundert oder beleidigt sein, wenn der andere den Dialog mehr oder weniger abrupt beendet, um sich anderen Gästen zuzuwenden.

Von guten und schlechten Starts

Wir haben schon darüber gesprochen, wie schnell sich derjenige unbeliebt macht, der im Small Talk vor allem über sich selbst, seine Erfolge oder gar über seine Besitztümer spricht. Stellen Sie lieber Ihren Gesprächspartner in den Mittelpunkt! Mit den folgenden Äußerungen zeigen Sie Interesse und Anerkennung.

So gelingt der Einstieg

»Ich find das toll, was Sie da gemacht/gesagt haben« oder »Ich bewundere Ihre Geschicklichkeit/Ihr Durchhaltevermögen/Ihren Optimismus«: Viele Menschen freuen sich über solche Kommentare. Natürlich sollten sich diese Äußerungen möglichst auf konkrete Situationen beziehen, ansonsten fühlt sich der andere schnell veralbert. Allerdings darf man auch nicht zu misstrauisch sein. Kleiner Tipp für alle, die hinter Komplimenten immer gleich eine fiese, ausgeklügelte Strategie vermuten: Freuen Sie sich einfach, wenn man Ihnen was Nettes sagt!

Im Grunde fällt auch der folgende Ausspruch in die oben beschriebene Kategorie: »Lass doch einfach deinen Charme spielen! Das kannst du doch!« Mit diesem Kommentar machen Sie aus dem größten Stiesel einen Charismatiker. Na ja, vielleicht nicht ganz. Aber wer hört nicht gerne, dass er charmant ist? Wer es nicht vorher schon war, der ist es spätestens nach Ihrem Lob. Ihre Aufmunterung wird Wirkung zeigen. Die von Ihnen gelobte Person geht gestärkt aus dem Gespräch heraus.

Die meisten Menschen lieben es, jünger eingeschätzt zu werden, als sie tatsächlich sind. Wenn es im Small Talk also um das Thema Alter geht und sich herausstellt, dass Ihre Gesprächspartnerin demnächst fünfzig wird, dann wird die Dame begeistert sein, wenn Sie mehr oder weniger erstaunt kundtun: »Das kann ich gar nicht glauben. Sie flunkern. Sie können auf gar keinen Fall älter sein als vierzig!« Wobei natürlich auch diese Strategie wiederum nur funktioniert, wenn das Kompliment nicht vollkommen aus der Luft gegriffen ist. Außerdem setzt es eine gute Portion Charme bei demjenigen voraus, der sich an solche Äußerungen heranwagt.

So misslingt der Einstieg

Mit folgendem Ausspruch gewinnen Sie keine neue Freundin: »Das glaub ich nicht! Sind Sie das auf dem Foto? Sie sahen ja früher mal richtig gut aus!« Kaum zu glauben, aber solche Kommentare gibt es durchaus. In dieselbe Kategorie gehört: »Na ja, für Ihr Alter sehen Sie ja noch ganz passabel aus.« Manche Menschen meinen, mit diesem Ausspruch anderen eine Freude zu machen.

»Sie erinnern mich an Jennifer Lopez!« Sie können die charmante Lady auf der Cocktailparty vergleichen, mit wem Sie wollen, es wird garantiert verkehrt sein. Ihnen mag es regelmäßig die Sprache verschlagen, wenn Jennifer Lopez auf der Leinwand erscheint. Ihre Gesprächspartnerin allerdings wird auf diesen Vergleich vermutlich entweder sauer oder gelangweilt reagieren. Barbara Kaufmann ist Barbara Kaufmann. Punkt. Vergleiche hinken. Am liebsten ist jeder Mensch er selbst, zumindest sobald er ein bestimmtes Alter erreicht hat. Dass ein paar Millionen Girlies als Britney-Spears-Kopien durch die Einkaufspassagen rennen, ist eine andere Geschichte.

Sagen Sie besser nicht: »Entschuldigen Sie, darf ich Ihnen eine Frage stellen?« Das ist in den meisten Fällen viel zu verschüchtert und unterwürfig. Noch ungeschickter ist es allerdings, eine Frage mit folgenden Worten einzuleiten: »Es geht mich vermutlich nichts an, aber …« Wer aus Neugier oder anderen Gründen etwas erfahren will, der sollte die Frage ganz einfach stellen und den Befragten nicht auch noch zur »Aussageverweigerung« auffordern. Sie werden erstaunt sein, was man Ihnen alles anvertraut, wenn Sie geschickt fragen. Viele Menschen haben ein großes Mitteilungsbedürfnis. Andere wiederum fühlen sich verpflichtet, jede Frage zu beantworten.

»Na, für eine Frau fahren Sie aber ganz gut Auto!« Müssen wir diesen Spruch noch weiter erläutern?

Bei einer Autofahrt mit einem Bekannten kommen Sie an einem außergewöhnlichen Gebäude vorbei. Sie sind begeistert von der Architektur. Zu Ihrem Beifahrer sagen Sie: »Schauen Sie mal, das Haus dort drüben. Finde ich großartig. Aber Ihnen wird es vermutlich nicht gefallen, oder?« Am besten, man lässt seine Mitmenschen entscheiden, was ihnen zusagt und was nicht. Mit dem Kommentar »Aber Ihnen wird das wohl nicht gefallen« bringt man – vermutlich ungewollt – zum Ausdruck: »Ich bin derjenige mit dem guten Geschmack, aber Sie haben kein Gespür für schöne Dinge!«

»Sie sehen heute aber schlecht aus!« Schlimm genug, wenn das stimmt. Aber auf diese Art von Mitgefühl können die meisten leicht verzichten. Wer vorher schon schlecht aussah, der fühlt sich jetzt noch elender. Auch mit Adjektiven wie »dick, grau, blass, müde« steigern Sie nicht gerade die Laune Ihrer Mitmenschen. Am hilfreichsten ist es immer, sich an seine eigenen Gefühle zu erinnern, als einem zuletzt solche Nettigkeiten an den Kopf geworfen wurden. Wenn Sie das Gefühl haben, Ihrem Gegenüber geht es nicht besonders gut und er möchte vielleicht darüber reden, dann fragen Sie am besten: »Wie geht es Ihnen?« Damit geben Sie dem anderen die Möglichkeit, über seine Situation zu sprechen, wenn er es denn möchte. Nicht jeder will alles mit jedem diskutieren.

»Erzählen Sie mir ein wenig von sich!« »Ach, im Grunde bin ich ein ganz durchschnittlicher Mensch.« Will man damit sagen, man sei weder arrogant noch übermäßig dumm, dann ist diese Antwort sicher verständlich. Besonders geschickt ist sie nicht. Denn »durchschnittlich« lässt sich auch mit »gewöhnlich«, »langweilig« oder »mittelmäßig« übersetzen. Kein erstrebenswertes Image.

Da trifft ein Mann auf einer Party eine Dame, die er gerne näher kennen lernen möchte. Irgendwo hat er mal gehört, dass Frauen tiefgründige Männer lieben und eine äußerst tiefe Abneigung gegen Oberflächlichkeit haben. Also blickt er ihr tief in die Augen und sagt: »Mir kommt es gar nicht auf das Aussehen an! Für mich zählen nur innere Werte!« Der Nachsatz »So hässlich wie Sie sind, bleibt mir auch nichts anderes übrig«, schwingt förmlich mit. Wahrscheinlich glauben Sie jetzt, wir denken uns solche Sprüche aus. Schön wär's. Was immer diese Sätze bewirken, Herzen erobert man damit jedenfalls nicht im Sturm. Vielleicht versucht man es dann doch lieber mit dem altbewährten »Sie haben wunderschöne blaue Augen!«

Nennen Sie es, wie Sie wollen – Spielstrategie, Technik oder das Einmaleins des Small Talks. Es kommt vor allem auf Ihr Bewusstsein, Ihre innere Einstellung und ein wenig Übung an. Aktive Zuhörbereitschaft, geschicktes Fragenstellen, dem anderen Raum und Aufmerksamkeit geben und sich selbst dabei etwas zurücknehmen sind die wesentlichen Ingredienzien für den gelungenen Small Talk. Dabei sind die Übergänge vom Small-Talk-Einstieg hin zu ernsten, weil wichtigen Gesprächsinhalten fließend. Abhängig von Zeit und Ort und nicht zuletzt von Ihrem Gegenüber ist es immer wichtig und lohnenswert, aktiv für eine gute Gesprächsatmosphäre zu sorgen. Wer weiß, wie sich die Dinge im Gespräch entwickeln? Geben Sie sich und Ihrem Gegenüber doch eine Chance.

Die Spielsituationen oder Wie Sie sich in den unterschiedlichsten Bereichen des Alltags und der Arbeitswelt als souveräner Small Talker bewegen

Haben Sie schon einmal darüber nachgedacht, wie viele Small Talks Sie im Laufe einer Woche führen? Oder wie viele Sie potenziell führen könnten? Es sind vermutlich Dutzende. Ob morgens beim Bäcker oder am Zeitungskiosk, auf dem Weg zum Arbeitsplatz, in der Frühstückspause mit den Kollegen, mittags bei einer Präsentation vor dem Chef, nachmittags mit Geschäftspartnern, die Sie in Ihrer Firma besuchen, im Auto auf der Heimfahrt oder abends im Restaurant oder auf einem Empfang: Immer geht es darum, die passenden Worte zu finden und den Gesprächspartner in eine gute Stimmung zu versetzen, Sympathien zu gewinnen.

Da ist Flexibilität gefragt. In manchen Situationen haben Sie mit einem netten Blick und freundlichem Gruß schon halb gewonnen. Andere Ereignisse verlangen mehr Einsatz. Es ist sicherlich kein Zufall, dass wir uns erst einmal Small Talks im Supermarkt, im Wartezimmer, mit Kollegen und Vorgesetzten und auf Reisen vornehmen, bevor wir etwas ausführlicher auf Events und Betriebsfeiern zu sprechen kommen, um uns gemeinsam die situativ unterschiedlichen Möglichkeiten und Anforderungen zu vergegenwärtigen. Wenn Sie sich zunächst auf einfache und dann auf komplexere Small-Talk-Spielsituationen einstellen und bei alledem eine spielerische Haltung mitbringen, dann können Sie Gesprächssituationen aller Art in Zukunft entspannt entgegensehen.

16 Erste Ziele

Alltägliche nichtberufliche Small-Talk-Situationen

Im Supermarkt

Wenn sich irgendein Ort für passive wie aktive Small-Talk-Studien eignet, dann ist es der Supermarkt. Hier sprechen Vorgesetzte mit Mitarbeitern, Kollegen unterhalten sich, Kunden reden mit Angestellten oder miteinander. Und all diese Gespräche finden nicht etwa hinter verschlossenen Türen statt, sondern bei Ihnen um die Ecke.

Betrachten wir zunächst einmal das Kommunikationsverhalten der Helferinnen und Warenauffüller. Manchen merkt man deutlich an, dass sie ihre Arbeit nicht gerade leidenschaftlich lieben. Wenn sie am Regal stehen und es mit Obstkonservendosen auffüllen, ist das für sie schon sichtlich unangenehm. Wenn nun auch noch ein Kunde kommt und nach Brühwürfeln fragt, scheint ihr Tag gänzlich ruiniert. Sichtlich genervt grummeln die meisten, ohne sich dabei auch nur umzudrehen: »Im dritten Gang links neben den Tütensuppen«, um sich dann wieder gelangweilt den eingedosten Pfirsichen zu widmen.

Nicht nur ziemlich, sondern sehr dumm, dieses stieselige Verhalten. Es geht auch anders. Es gibt auch freundliche Mitarbeiterinnen, die alles stehen und liegen lassen, die Kunden freundlich anlächeln und antworten: »Kommen Sie doch bitte mit! Ich helfe Ihnen gerne. Wenn Sie sich bei uns noch nicht so gut auskennen, dann zeige ich Ihnen, wo die Brühwürfel liegen.« Die Angestellte, über die wir in diesem Beispiel schreiben, hat übrigens nur ein paar Wochen lang Regale aufgefüllt. Auch der Geschäftsleitung war ihre Kommunikationsfreude aufgefallen. So entschied man, die Dame am Informationsstand im Eingangsbereich einzusetzen. Dort begrüßt sie nun freundlich lächelnd die eintreffenden Kunden und gibt gerne die eine oder andere Auskunft. Insgesamt ist ihr neuer Job entschieden weniger nervig als das Hantieren mit Kisten, Kästen und Konserven. Die muffeligen Warenauffüller sind jetzt erst recht verärgert. Während sie weiterhin die Paletten durch die Gänge schieben, sehen sie, wie einige Meter weiter vorne die Kollegin mit dem sympathischen Small-Talk-Verhalten nett hinter ihrem Tresen sitzt und den Tag genießt.

Als Kunde wird man im Supermarkt nicht immer nur stumm den Einkaufswagen durch die Gänge schieben, sondern zwischendurch auch mal was sagen wollen. Und wenn man sich nur nach den Brühwürfeln erkundigt. Diese Frage muss man übrigens nicht ganz verschüchtert mit »Entschuldigen Sie, wenn ich Sie kurz störe« einleiten. Es gehört zu den Aufgaben der Angestellten, Kunden weiterzuhelfen. Am besten sagt man also freundlich und selbstbewusst: »Ich würde mich freuen, wenn Sie mir kurz helfen könnten. Ich brauche Brühwürfel.« Wer sich beim Einkaufen unbedingt entschuldigen will, der sollte sich diese Geste für Situationen aufsparen, in denen er im jugendlichen Überschwang der netten Omi vor ihm den Einkaufswagen in die Hacken fährt. Kaum jemand bringt ein freundliches »Oh, verzeihen Sie bitte. Hoffentlich habe ich Ihnen nicht wehgetan« über die Lippen. Bloß mit niemandem reden müssen. Schon gar nicht mit irgendwelchen Menschen, die sich einem beim Einkaufen in den Weg stellen …

Dabei sind gerade kleine Missgeschicke beim Einkaufen gute Aufhänger für ein kurzes Gespräch. So neulich, als wir im allgemeinen Gewühle beinahe einen Karton mit Weinflaschen heruntergerissen hätten, der dann der Kundin hinter uns vor die Füße gefallen wäre. Nach einem »Na, das ist ja gerade noch einmal gut gegangen. Entschuldigen Sie bitte!« war die Dame in bester Small-Talk-Stimmung: »Ist schon in Ordnung. Lassen Sie uns mal schauen, welche edlen Flaschen wir da beinahe zertrümmert hätten. Haben Sie diesen Wein schon mal probiert?« Und während sich die Schlange der Einkaufswagen nur sehr langsam in Richtung Kasse vorquälte, hatten wir einen Heidenspaß, weil wir uns nicht vorstellen konnten, dass ein Wein mit diesem Namen und Preis wirklich eine gute Wahl wäre.

Wenn Sie gerade mal nichts herunterwerfen, sich aber trotzdem die Wartezeit vor der Kasse mit Small Talk verkürzen wollen, dann schauen Sie doch einfach mal in den Einkaufswagen vor Ihnen und fragen Sie den Kunden, ob er das ganze Bier allein trinken will oder eine Party plant. Anschließend wissen Sie dann, ob der Mann Humor hat oder sich aufregt: »Sagen Sie mal, was geht es Sie eigentlich an, was ich einkaufe. Frechheit!« Aber ob jemand auf Small-Talk-Angebote positiv reagiert, gar nicht antwortet oder ungemütlich wird, das weiß man im Grunde auch schon vorher. Mit etwas Menschenkenntnis kann man in Bruchteilen einer Sekunde abschätzen, wie kommunikativ der andere ist. Außerdem kommt es natürlich darauf an, wie viel Sympathie und Charme man mit seiner Frage herüberbringt und ob man es seinem Gegenüber leicht macht, einen Anknüpfungspunkt zu finden.

Irgendwann steht man dann an der Kasse. Besonders gemütlich haben es die Kassiererinnen vermutlich nicht, die täglich acht Stunden zentnerweise Würstchen, Windeln und Waschpulver am Scanner vorbeischieben. Wenn man als Kunde in dieser Situation mal etwas Nettes sagt wie »Ich freue mich mit Ihnen. Gleich haben Sie es geschafft. Schönen Feierabend!«, ist das schon wieder Small-Talk-Praxis und außerdem eine sympathische Geste.

Beim Friseur

Spannender Beruf, Friseur. Im Laufe des Tages erfährt man da – ob man will oder nicht – so einiges über seine Mitmenschen. Natürlich muss man gut Haare schneiden, aber Kommunikationsfreude und Einfühlungsvermögen sind auch ganz nützlich. Die wenigsten Kunden setzen sich auf den Stuhl, entledigen sich ihres Auftrages »Einmal Haare schneiden, bitte!« und schweigen anschließend vor sich hin. Friseurkunden wollen unterhalten werden. Gerade die kleinen Friseurläden in der Nachbarschaft sind häufig Tauschbörsen für Neuigkeiten. Etwas weniger vornehm ausgedrückt: Hier wird getratscht und gelästert.

Für Sie als Friseurkunde sollte es selbstverständlich sein, nicht stundenlang zu monologisieren, wie toll Ihr letzter Urlaub war (natürlich wird der Friseur Sie danach fragen, schließlich weiß er, wie man Stammkunden bei Laune hält). Erkundigen Sie sich unbedingt: »Sagen Sie, wohin wird denn Ihr nächster Urlaub gehen, Frau Küster?« Wenn Sie sich beim nächsten Besuch daran erinnern, dass Frau Küster gerne nach Rom fährt, freut sie sich vermutlich. Viele Small Talker unterhalten sich nach der Devise »Zum einen Ohr rein, zum anderen wieder raus«. Was sie gehört haben, ist häufig im nächsten Moment schon wieder vergessen. Zwar wissen die meisten Menschen mittlerweile, das Small Talks zum Alltag gehören, nur unterschätzen noch immer die meisten ihre Bedeutung.

Eine Friseurin erzählte uns einmal von einer Kundin, die etwa jeden dritten Tag zum Haarewaschen in ihren Salon kommt. Und das nicht etwa, weil die Dame zu Hause keinen Wasseranschluss hat, sondern weil sie ganz offensichtlich jemanden braucht, mit dem sie reden kann. Friseure als Therapeuten! Dieses Beispiel zeigt einmal mehr, dass Small Talk kein leeres Geplapper ist, sondern zum (Über-)Leben gehört.

Beim Bäcker

Das Brot der Bäckerei bei uns um die Ecke schmeckt ehrlich gesagt nicht so toll. Aber die Frau hinter dem Verkaufstresen ist so sympathisch, dass man sich noch Stunden später über ihr freundliches Lächeln und ihre netten Kommentare freut. Da fällt es schwer zu entscheiden, ob man ihre mittelprächtigen Brötchen kaufen soll oder lieber hundert Meter weiter an die Brottheke im Supermarkt geht, wo die Qualität besser und der Preis günstiger ist, wo die

Verkäuferinnen sich aber nicht gerade vor Freundlichkeit überschlagen. Sie sehen schon, in welche »Konflikte« einen Small-Talk-begeisterte Dienstleister stürzen können.

Im Blumenladen

Neulich sind Sie bei einem Spaziergang durch die Nachbarschaft an dem beeindruckenden Schaufenster eines Blumengeschäfts vorbeigekommen. Man merkt, dass die Inhaber ihren Laden mit Begeisterung, Kompetenz, Geschmack und Engagement betreiben. Warum sagen Sie der Floristin, wenn Sie das nächste Mal Blumen brauchen, nicht ganz einfach, wie großartig Sie ihre Ladengestaltung, ihre Auswahl und die Schaufensterdekoration finden? Sie machen ihr damit bestimmt eine Freude, denn das hört sie gar nicht so oft, wie man annehmen sollte. Da ihre Preise sich im oberen Bereich bewegen, sind ihre Kunden dementsprechend – nennen wir es mal arriviert. Vor lauter Coolness schaffen es die wenigsten, mehr als »Ich brauch einen Strauß für – na, sagen wir 20 Euro …« aus sich herauszupressen.

Im Schwimmbad

Wenn Schwimmer eines nicht mögen, dann sind das andere Schwimmer, die ihnen in die Quere kommen. In einer perfekten Welt hätte jeder seinen eigenen Swimmingpool, in der Realität verteilen sich zahlreiche Sportbegeisterte auf die Becken. Da kann es dann schon einmal eng werden. Das sind genau die Momente, in denen sich wunderbare Small-Talk-Studien betreiben lassen. Wie verhalten sich die Schwimmer im Becken, und was machen diejenigen, die ins Wasser wollen?

Die meisten im Becken versuchen es mit nonverbaler Kommunikation, also mit grimmigen Blicken und wildem Herumgerudere. Besonders höflich ist diese Verhaltensweise natürlich nicht. Besser, man legt eine kurze Schwimmpause ein, wenn ein anderer Schwimmer ins Becken will. Freundlich lächelnd lädt man dann den Wartenden ein, die Bahn zu teilen. So zeigt man dem anderen mit wenigen Worten, dass man ihn nicht als Störfaktor sieht.

Und wenn Sie nun derjenige sind, der schwimmen will? Steigen Sie nicht einfach in den Pool, fragen Sie höflich, aber durchaus selbstbewusst, ob Sie eine Bahn teilen dürfen. Auf diese Weise wird man sich wesentlich eher mit Ihnen »anfreunden«, als würden Sie wortlos in fremdes Revier vordringen.

Vielleicht kommen Sie dann vor lauter Small Talk kaum noch zum Schwimmen. Da fragen Sie die Frau im schwarzen Badeanzug, ob Sie bereit sei, die Bahn mit Ihnen zu teilen, und befinden sich dann eine halbe Stunde später immer noch mit ihr am Beckenrand und diskutieren über die Mentalitätsunterschiede zwischen Berlinern und Münchnern.

Im Wartezimmer

Vermutlich schütteln Sie beim folgenden Tipp verständnislos den Kopf und denken: »Das ist ja wohl selbstverständlich.« Es geht ums Betreten eines Wartezimmers. Unser Vorschlag: Sagen Sie laut, deutlich und vor allem freundlich: »Guten Tag!« So einfach können Sie für eine angenehme Atmosphäre in einem Warteraum sorgen! Doch was man für den Minimalstandard im Umgang miteinander halten möchte, ist heute kaum noch üblich. Ist es Coolness? Ist es Schüchternheit, Desinteresse, ganz einfach nur Unbeholfenheit oder doch Unhöflichkeit? Nehmen wir netterweise an, dass Menschen aufs deutlich hörbare »Guten Tag« verzichten, weil sie niemanden stören wollen, denn sonst ist es nichts anderes als schlechtes Benehmen. Was immer es ist, beobachten Sie es beim nächsten Arztbesuch einmal selbst. Die Mehrzahl der Patienten schleicht wort- und grußlos zum nächstbesten Stuhl, um dort dann unruhig auf die Uhr zu sehen und mit dem Fuß zu wippen. »Das dauert mal wieder. Wie lange soll ich denn hier noch warten? Frechheit!«

Es geht auch anders. Wie gesagt, der beste Einstieg ist ein freundlicher Gruß. Bevor Sie sich hinsetzen, fragen Sie höflich, ob der ausgewählte Stuhl noch frei ist. Das ist zwar offensichtlich – schließlich sitzt dort niemand –, aber ein weiterer Schritt, die Stimmung im Wartezimmer zu verbessern. Kommunikationserfahren, wie Sie sind, haben Sie bei der Wahl des Stuhls darauf geachtet, dass der Sitznachbar sympathisch ausschaut. Und nun stehen Ihnen fast sämtliche Small-Talk-Themen dieser Welt offen. Vielleicht beginnen Sie mit: »Bin ganz erstaunt, wie viele Patienten morgens um acht schon warten. Aber das wird schon seinen guten Grund haben. Ich selbst bin heute zum ersten Mal hier, aber eine Kollegin von mir ist sehr zufrieden mit Herrn Doktor Oelken. Sind Sie schon länger Patient in dieser Praxis?«

Unterwegs auf Reisen

Island ist weit weg, man war noch nie da. Aber eines »weiß« man und erzählt es auch gerne immer wieder: »Die Isländer rauchen alle Marihuana.« Woher man diesen Erkenntnisstand hat? Von der letzten Dampferfahrt durch den Hamburger Hafen, bei der zwei isländische Touristen total bekifft hinter einem saßen und die ganze Zeit wie Teenager rumalberten.

Einerseits ist es traurig, wenn Menschen ihre Einzeleindrücke zu Vorurteilen gegenüber der Gesamtheit erheben. Andererseits kann es uns Deutschen bei Reisen ins Ausland ebenso ergehen: Ein deutsches Ehepaar, das sich völlig danebenbenommen hat, kann den Eindruck hinterlassen, 80 Millionen Deutsche seien primitiv und unhöflich.

Wieso sprechen wir dieses Thema im Zusammenhang mit Small Talk an? Ganz einfach: Touristen reizt beispielsweise an Kreta nicht nur die Sonne, der Strand und der griechische Wein. Das Spannende an Reisen sind auch Begegnungen und Gespräche mit Einheimischen und der Kultur, der alten wie auch der neuen.

Bei diesen Gelegenheiten fungieren Reisende als »Botschafter« des eigenen Landes: Wenn sie sich höflich und rücksichtsvoll verhalten, lassen sie »die Deutschen« in einem positives Licht erscheinen. Beispielsweise könnten Sie in Serbien Verständnis für den schlechten Zustand vieler Gebäude nach Ende des Bürgerkrieges äußern, statt sich darüber aufzuregen, wie denn da alles aussieht und ob man denn keine Ordnung kenne.

Selbst wenn die Flasche Wein oder das besondere Essen im Vergleich zu Deutschland absolut billig sind, sollte man sich ab und zu klarmachen, dass fast die Hälfte der Weltbevölkerung von weniger als 2 US-Dollar am Tag lebt. Daher ist es mehr als taktlos, wenn sich ein Tourist gegenüber dem Bewohner eines Entwicklungslandes so äußert: »Hier können wir uns mit Hummer mal so richtig den Bauch vollschlagen – so billig, wie hier alle Lebensmittel sind.« Für Einheimische sicher nicht, die müssen dafür lange schuften! Also sollte man besonders auf Reisen beim Small Talk darauf achten, die Gefühle des anderen nicht durch unüberlegte Äußerungen zu verletzen.

Natürlich kann man nicht immer die Landessprache perfekt beherrschen, wenn man für drei Wochen in ein Land reist. Aber wer zumindest ein paar Floskeln in der jeweiligen Sprache beherrscht, zeigt Interesse an der Landeskultur und ist ein gern gesehener Gast. So leicht zeigen Sie, dass Sie sich für mehr interessieren als gutes Wetter und günstige Wechselkurse.

Im Flieger

So viel Platz! Sie können Ihr Glück kaum fassen. Der Flug von Zürich nach Atlanta scheint bis auf den letzten Platz ausgebucht, nur der Sitz neben Ihnen ist noch frei. Nicht dass Sie etwas gegen Mitreisende hätten, aber während eines langen Fluges freut man sich schon, wenn man sich etwas ausbreiten kann. Es sind nur noch zwei Minuten bis zum Abflug, da kann eigentlich niemand mehr kommen. Den freien Sitz neben Ihnen haben Sie kurzerhand zur Buchablage umfunktioniert. Und während Sie gerade überlegen, ob Sie im Reiseführer schmökern wollen, die Notizen für Ihren Vortrag in den USA noch einmal überarbeiten oder endlich Tom Wolfes *A Man in Full* lesen sollen, steht eine Dame neben Ihnen und fragt, ob sie bitte auf Ihren Nachbarplatz dürfe. Das ist dann das Ende der doppelten Beinfreiheit.

Wenn Sie sich die nächsten zehn Stunden ruinieren wollen, blicken Sie jetzt absolut finster, denken »Wo kommt die denn noch her?« und grummeln so etwas wie »Wenn es denn sein muss!« Ihre Sachen räumen Sie im Schneckentempo zurück in die Tasche und beobachten aus den Augenwinkeln, wie Ihre zukünftige Sitznachbarin unter größter Anstrengung versucht, ihr Gepäck hochzuhieven. Soll die Gute beim nächsten Mal eben nicht so viel mitnehmen! Selbst schuld, wenn ihr der Boardcase beinahe auf den Kopf fällt.

Nicht besonders freundlich, diese Einstellung, aber wer viel unterwegs ist, wird solches Verhalten schon erlebt haben. Natürlich geht es auch anders. Als sympathischer Small Talker setzen Sie Ihr 100 000-Volt-Lächeln auf, begrüßen die Lady, springen auf und heben – ganz Gentleman – das Handköfferchen ins Fach. So einfach ist es, den Grundstein für einen entspannten Flug zu legen. Wenn Ihre Mitreisende dann erst einmal Platz genommen hat und Luft holen konnte, eröffnen Sie freundlich den Small Talk: »Herzlich willkommen. Das war recht knapp, oder? Ich freue mich für Sie, dass Sie die Maschine noch erreicht haben!«

Nun liegt es natürlich ein wenig an Laune und Naturell Ihrer Sitznachbarin, ob sie knapp antwortet: »Stimmt, Glück gehabt« und anschließend im Bordmagazin blättert. Oder ob sie nach Ihrer freundlichen Gesprächseröffnung ausführlich berichtet, wie es zu ihrer Verspätung kam. Und so kann sich aus diesem Einstieg ein faszinierendes Gespräch mit einer charmanten, intelligenten Schweizer Bankerin entwickeln, die auf dem Weg zu einem Klienten in Florida ist. Man spricht übers Reisen, über Beruf und Familie, Glück und Zufriedenheit, über Gärten und Umweltschutz, über günstige Hotels und teure Läden in New York. Und es ist kein leeres Geplapper, kein Zeittotschlagen. Man ist sich sympathisch, bekommt Denkanstöße vom anderen. Der Flug dauert zehn Stunden, das Gespräch fast fünf. Da behaupte noch jemand, Small Talks seien zwangsläufig oberflächlich.

Falls Sie nun im Flugzeug sitzen und ausnahmsweise einmal keine Lust auf Konversation haben, Ihr Sitznachbar aber schon, dann bitten Sie um Verständnis dafür, dass Sie einen anstrengenden Tag vor oder hinter sich haben und deswegen ein wenig ausruhen möchten oder noch etwas Wichtiges zu lesen oder zu arbeiten haben. Besonders hartnäckige Mitreisende werden dann zwar erst richtig neugierig und wollen wissen, was in aller Welt an Ihrem Tag denn so anstrengend ist, aber auch darauf werden Sie sicherlich eine schöne, knappe Antwort finden. Wie gefällt Ihnen denn »Das ist eine lange Geschichte, aber jetzt ruhe ich mich erst einmal ein wenig aus«? Klingt zumindest netter als »Ich bin mir nicht so sicher, dass Sie das etwas angeht«!

Ein anderer Flug, andere Passagiere, mehr Monolog als Dialog. Dabei mangelt es in der Regel gar nicht an Gesprächsthemen, wenn, wie in diesem Fall, engagierte Studenten aufeinandertreffen. Solche Zufallsbegegnungen sind auch immer wieder beliebte Gelegenheiten, sich selbst, seine Kenntnisse und Erfahrungen ins rechte Licht zu rücken.

Ein passendes Beispiel findet sich beim Flug von Hamburg nach Paris. Wie es der Zufall will, findet sich der 26-jährige Student der Betriebswirtschaft neben einer 22-jährigen Architekturstudentin. Da ergeben sich schnell Gesprächsthemen. Der zukünftige Betriebswirtschaftler setzt seinen Studienaufenthalt an der Pariser Sorbonne fort. Die Studentin will in der französischen Hauptstadt an einem internationalen Architektur-Workshop teilnehmen.

Zuerst wird abgehakt, woher man stammt und wo man Praktika absolviert hat. Dann kommt man auf die Studienqualität und das Studentenleben an deutschen Unis zu sprechen. Der junge Mann, der fast nur im Ausland studiert hat, gibt sofort seine Meinung zum Besten: Die einzig wahre Uni ist die in München. Die Uni Bochum ist hässlich, die FU Berlin immer noch zu linkslastig, die Uni Hamburg abgehoben, arrogant, die in Freiburg dörflich und die Unis in Ostdeutschland sind alle hinter dem Mond. Klar, dass er an keiner dieser Universitäten jemals studiert hat, aber das weiß »man« eben.

Die Studentin hat keine Lust, diesen fest gefügten Meinungen etwas entgegenzusetzen. Sie freut sich schon auf ihren Aufenthalt in Paris. Nachdem der junge Mann berichtet hatte, dass sein Professor ihn mit dem Auto vom Flughafen abholen will, fragt sie, ob die beiden sie ein Stück mitnehmen könnten. Daraufhin wird der junge Uni-Experte ziemlich ruhig.

Was hat die Stimmung im Small Talk verändert? Viele Menschen finden es sicher angeberisch, wenn jemand groß und breit erklärt, was er alles weiß und gemacht hat. Bei Personen von ähnlichem Alter, Ausbildungshintergrund und Temperament ist das kein Problem. Man fällt sich begeistert ins Wort, um zu diesem und jenem Punkt noch etwas beizutragen.

In dieser Unterhaltung sind es zwei andere Punkte, die die anfangs so euphorische Stimmung ins Stocken geraten lassen. Der eine hat damit zu tun, dass der junge Mann seine subjektiven Ansichten zum Maß aller Dinge erhebt und jeden anders Denkenden zum unerfahrenen Ignoranten degradiert. Er hätte die Architekturstudentin in jedem Fall fragen sollen, welche Meinung sie zu den von ihm kritisierten Universitäten vertritt. Doch diese elementare Small-Talk-Regel ist ihm fremd. Mit Mitte zwanzig mag dieses Verhalten noch einer gewissen Unerfahrenheit zuzuschreiben sein, ein paar Jahre später wäre es nicht mehr zu entschuldigen.

Der zweite Punkt, der beim Sitznachbarn auf Missfallen stößt, ist die Bitte der Studentin, den Professor des jungen Mannes als kostenlosen Taxifahrer nutzen zu dürfen. Man kann im Gespräch mit Menschen, die man gerade erst kennen gelernt hat – und seien sie noch so nett – nicht davon ausgehen, eine enge Beziehung geknüpft zu haben. Anders sieht es natürlich aus, wenn man zum Mitfahren eingeladen wird!

Mit dem Zug unterwegs

Die weltläufig-elegante Dame steigt in Bielefeld ins Erste-Klasse-Abteil. Dort sitzt bereits eine Frau aus Bonn. Die beiden brauchen sich nur anzuschauen, um zu erfahren, mit wem sie es zu tun haben. Natürlich verrät die Kleidung einiges, aber noch aufschlussreicher ist die Körperhaltung, der Gesichtsausdruck. Die Zugestiegene muss erfolgreiche Unternehmerin sein, so viel ist zu erkennen. Die Bonnerin ist vermutlich Regierungsbeamtin.

Schnell kommt man ins Gespräch. Wie sich sehr bald herausstellt, haben beide Töchter, die studieren. Teils um das Gespräch in Gang zu halten, teils aus Interesse erkundigt sich die Bonnerin nach Studienort und -fach der Tochter ihrer Mitreisenden. Die wiederum gibt gerne Auskunft: Patricia studiert am MIT an der amerikanischen Ostküste Informatik und Marketing. Es gab gar keine langen Diskussionen: für die Tochter musste es ein Doppelstudium sein. Im hart umkämpften Arbeitsmarkt sind Qualifikationen gefragt. Dass Patricia leistungsfähig ist, das konnte sie schon auf den Internaten in der Schweiz und in England beweisen. Gern berichtet die Unternehmerin auch, was solche Schulen monatlich kosten. Wobei dies aus ihrem Mund nicht wie Angeberei klingt. Das hat eine Frau ihres Formats weiß Gott nicht nötig.

Kinder – ein dankbares Thema. Wenn sich die Sprösslinge nicht allzu dämlich gebärden, kann man als Mutter (oder Vater) verdammt stolz auf sie sein: Patricia zum Beispiel unternimmt Wochenendtrips nach Rio und Nizza, gestaltet neben dem Studium die Website für eine der erfolgreichsten Werbeagenturen, hat einen intelligenten Freund und große berufliche Ziele. Wobei Karriere nicht etwa eine Option ist, sondern von den Eltern erwartet wird. Die Dame aus Bonn hört sich dies alles geduldig und interessiert an. Anschließend berichtet sie gut gelaunt und ganz entspannt, ihre Tochter Heike studiere in Köln Germanistik, wisse aber noch nicht genau, was sie nach dem Studium damit anfangen werde. An den Wochenenden fahre sie manchmal mit dem Rad in die Eifel.

Warum wir Ihnen diese Geschichte erzählen? Selbstbewusstsein ist keine Frage des sozialen Status. Die Gesprächspartner in unserem Beispiel sind souverän genug zu akzeptieren, dass andere Menschen andere Lebensentwürfe haben. Die Bonnerin leidet nicht unter Minderwertigkeitskomplexen, nur weil ihre Gesprächspartnerin Erfolg und Reichtum demonstriert. Die Dame aus Bielefeld wiederum sieht keine Veranlassung, Ihre Ansichten und Ansprüche für sich zu behalten. Wenn man in Gesprächen mit Unbekannten andere Sichtweisen kennen lernt, dann ist das meist eine Bereicherung.

Small Talk auf Reisen ist besonders interessant, weil der Zufall einen mit Menschen aus den unterschiedlichsten Regionen und Berufen zusammenführt. Wer weiß, wer bei der nächsten Reise in Flugzeug oder Bahn neben Ihnen sitzen wird? Wer immer es ist: Beginnen Sie ein Gespräch mit dieser Person. In den meisten Fällen wird dies ein Einstieg in einen spannenden Small Talk sein. Zum Glück kommt es nur selten vor, dass man sich nach wenigen Sätzen unsympathisch oder langweilig findet und das Gespräch kurzerhand abbricht. Trotzdem erwähnen wir diese Möglichkeit, denn wir wollen nicht so tun, als gäbe es nur charmante und rücksichtsvolle Mitreisende. Nur sollte man niemanden gleich zu Beginn in die Schublade »Sie-interessieren-mich-nicht« stecken. Wer im ersten Moment vielleicht unmöglich aussieht, entpuppt sich unter Umständen im Small Talk doch noch als recht faszinierend.

Im Hotel

Nirgendwo wird die Kunst des Small Talks so gepflegt und beherrscht wie in Großbritannien. Werfen wir also einen Blick in den Salon eines englischen Hotels. Nach dem Essen im Restaurant nehmen die Gäste dort zum Kaffee oder Digestif in bequemen Sesseln Platz. So trifft ein irisches Ehepaar auf eine allein reisende Französin. Nach einer Weile nimmt der Mann aus Irland das Gespräch mit der Französin auf. Er erkundigt sich zunächst nach ihrer Herkunft und ihren Reiseplänen. Bald kommt er auf Veränderungen in der Welt zu sprechen. Nach einer Stunde verabschiedet sich das Ehepaar, nicht ohne der Französin vorher noch einen angenehmen weiteren Aufenthalt in England zu wünschen.

Für die Dame aus Frankreich ist es viel interessanter, einen Small Talk zu führen, als allein in ihre Kaffeetasse zu starren. Wenn sie angesichts des wortgewaltigen Iren auch selbst kaum zu Wort kommt, so hört sie doch einige spannende Geschichten. Wie sich herausstellt, ist der Ire geschäftlich in der ganzen Welt unterwegs und erlebt dabei natürlich so einiges. Die Französin hört interessiert zu und wird zu neuen Reiseplänen ermuntert.

Ob in der Lounge oder an der Bar, im Hotel treffen Menschen zusammen, die etwas Gemeinsames haben: sie sind unterwegs, reisen, nehmen viele Eindrücke auf und können eigentlich aufs Stichwort anfangen zu erzählen. Es liegt an Ihnen, das Stichwort zu liefern.

ÜBUNG

In welcher der hier beschriebenen Situationen haben Sie noch nie einen Small Talk begonnen? Nehmen Sie sich dies für das nächste Mal vor!

Die Small-Talk-Situationen in der Arbeitswelt

Kommunikationsgeschick ist einer der wichtigsten Karrierefaktoren. Aber wie verhält man sich nun gegenüber Chefs, Kollegen, Mitarbeitern oder Geschäftsfreunden, wenn es um den leichten, den scheinbar ganz lockeren Gesprächseinstieg geht und – vor allem – worüber unterhält man sich?

Fahrstuhlfahrten sind vielen Menschen ein Graus. Nicht, dass man Angst hätte, das Ding könnte abstürzen. Es ist nicht der körperliche Schaden, der befürchtet wird: Das Stehenbleiben löst bei vielen Horrorvorstellungen aus. Nicht raus-, nicht wegkönnen, eng zusammen mit andern sein zu müssen, sind so unangenehme Vorstellungen, dass sie manchen bis in den (Alp-)Traum verfolgen. Hier geht es um die seelischen Berührungsängste.

Sehr realistisch, weil häufiger erlebt: Sie befinden sich auf der Fahrt in den 10. Stock und Ihr Vorgesetzter oder besser noch: der Chef Ihres Chefs steigt im 3. Stock zu Ihnen in den Fahrstuhl ein. Was quält Sie jetzt? Vielleicht der Gedanke: Worüber werden wir ins Gespräch kommen? Sollte ich anfangen – schnell erst einmal grüßen – oder warte ich, was ihm zum Auftakt einfällt, wenn er überhaupt mit mir sprechen mag? Ist es für mich wichtig, jetzt und hier in ein nettes Gespräch zu kommen, oder mache ich eine bessere Figur, wenn ich mich einfach zurückhalte und schweige? Kennt der mich überhaupt noch, weiß der, wo und woran ich gerade arbeite oder bin ich nur ein Gesicht, das er wohl schon mal gesehen hat, aber gar nicht weiter zuordnen kann … Der Fahrstuhl hält im 6. Stock, und Ihr möglicher Gesprächpartner, der Chef Ihres Chefs, verlässt Sie. Er ist auf dem Weg zu einem wichtigen, wenn auch unangenehmen Verhandlungstermin. Eine Liste von Mitarbeiternamen soll zusammengestellt werden, auf deren Mitarbeit man bei der nächsten Kündigungswelle verzichten will …

Zurück bleibt bei Ihnen ein dumpfes Gefühl, die Situation kommunikativ nicht wirklich glücklich gestaltet zu haben.

Small Talk mit dem Chef

Gemeinsam mit Ihrer Freundin besuchen Sie die Oper. Als Sie während der Pause Ihre Blicke durch das Foyer schweifen lassen, entdecken Sie zufällig Ihren Chef, der sich 15 Meter von Ihnen entfernt mit seiner Frau und einem weiteren Ehepaar angeregt unterhält. Sie sind sich allerdings nicht sicher, ob er Sie auch schon gesehen hat. Im Moment zumindest schaut er nicht in Ihre Richtung. Wie sollen Sie sich nun verhalten?

Denken Sie für einen kurzen Moment nach. Wie opportun ist diese Begegnung und wie notwendig ein kurzes Small-Talk-artiges Gespräch? Könnte es sein, dass Ihr Chef gerne unbehelligt bleiben möchte? In diesem Fall halten Sie sich besser zurück, die Regeln zu Kommunikation und Small Talk bei Ihrem Chef anzuwenden. Er freut sich bestimmt sehr darüber, einen Abend nicht an personelle Umstrukturierungen und den Bericht für den Vorstand denken zu müssen. Sofern er Sie nicht schon bemerkt hat, verzichten Sie also lieber darauf, in seine Richtung zu starren. Beherrschen Sie sich erst recht, mit Ihrer Freundin zu ihm vorzudringen, um ihn unbedingt in ein Gespräch über Operngeschichte zu verwickeln. Gönnen Sie sich und ihm einen freien Abend! So außergewöhnlich sind solche Begegnungen in einer mittelgroßen Stadt nicht, dass Sie davon ein spezielles Aufheben machen müssen.

Wenn Sie jedoch ein besonders freundschaftliches Verhältnis zu Ihrem Chef haben, stellt sich die Situation anders dar. Dann bietet es sich an, dass Sie ihn im Vorbeigehen durch ein kurzes »Noch einen schönen Abend wünsche ich!« begrüßen.

Absolut tabu ist nur eines: Berufliches. Bei solch zufälligen Treffen auf neutralem Grund spricht man über alles Mögliche, nur nicht darüber. Sie würden sich sehr unbeliebt machen, wenn Sie Ihren Vorgesetzten im Konzerthaus danach fragen würden, wann denn endlich die Personalentscheidung für Ihre neue Kollegin fällt.

Wenn Sie sich über eines nicht den Kopf zerbrechen müssen, dann über die Frage: »Wie eröffne ich bloß das Gespräch, wenn mir mein Vorgesetzter im Flur über den Weg läuft?« Wer weiter oben in der beruflichen Hierarchie steht, ist meistens ein begnadeter Small Talker. Gerade in der Wirtschaftswelt erreicht kaum jemand höhere Positionen ohne Kommunikationstalent. Erfolg im Beruf ist eigentlich eng an soziale Kompetenz gekoppelt, aber Ausnahmen bestätigen die Regel.

Trotzdem wollen wir einmal annehmen, Sie fahren im Aufzug mit dem Geschäftsführer und es bleibt an Ihnen, eventuell einen Small-Talk-Versuch zu starten. Als Kommunikationsprofi wissen Sie, wie gerne Menschen erstens gelobt und zweitens nach ihrer Meinung gefragt werden.

Also starten Sie beispielsweise mit: »Ach, schön, dass wir uns hier gerade begegnen, Herr Weller. Ich komme gerade vom Mittagessen und ich find's ganz toll, wie es jetzt in der neu gestalteten Kantine aussieht. Da schmeckt das Essen gleich viel besser, und der Erholungswert kommt mir beinahe doppelt so groß vor. Was man doch mit Farbe alles erreichen kann. Sind Sie denn jetzt zufrieden mit dem neuen Umbau?«

Oder: »Schön, dass wir jetzt immer wieder einmal neue Ausstellungen im Haus haben. Neulich bekam ich Besucher. Sagen Sie bitte, wie gefällt Ihnen denn die Bilderausstellung im Foyer?«

Nicht, dass Ihr Small Talk wirklich einen durchschlagenden Einfluss auf die Neugestaltung der Räume oder die Auswahl an Bildern haben könnte. Und trotzdem ist das Kompliment oder die Frage ein genialer Schachzug. Ihr

Gegenüber fühlt sich wichtig, akzeptiert und obendrein auch noch irgendwie geschmeichelt.

Natürlich könnten Sie uns spätestens an dieser Stelle vorwerfen, wir würden Anpassung um jeden Preis, womöglich sogar Kriecherei und Schleimen predigen. Aber überlegen Sie: Was wäre die Alternative? Schweigen? Oder meinen Sie, es wäre besser zu fragen, wann denn die nächste Entlassungswelle durch das Unternehmen rollt?

Und wie sähe die Situation andersherum aus? Da rennt Sie der Geschäftsführer auf Ihrem Weg in den Aufenthaltsraum beinahe über den Haufen, weil er es so eilig hat, aber die Zeit für einen kurzen Small Talk nimmt er sich trotzdem: »Hallo, Frau Wiese, gehen Sie zur Mittagspause? Was meinen Sie, ist unsere umgebaute Cafeteria denn gut geraten?«

Sie können jetzt zwar keine Änderungswünsche mehr einbringen, aber die Frage Ihres Chefs zeigt Ihnen, dass er Ihre Meinung schätzt. Sie fühlen sich durch die Frage Ihres »großen Chefs« geschmeichelt, in gewisser Weise wertgeschätzt – ein erhebendes Gefühl.

Nun sind Sie an der Reihe: Sie könnten jetzt antworten, dass die Wandgestaltung und die Möbel überhaupt nicht zusammenpassen. Vorsicht! Sie mögen ein sicheres Stilgefühl besitzen, aber dem Geschäftsführer gegenüber verpacken Sie Ihre Vorstellungen lieber in Watte. Kritik an den Umbauarbeiten würde ihn wahrscheinlich persönlich treffen, denn schließlich hat er die Pläne genehmigt. Lassen Sie sich schnell einen Kommentar einfallen, der – ganz nach den Feedbackregeln – mit einem Lob beginnt, dann den kritischen Teil nur sehr vorsichtig einfließen lässt, um letztendlich mit einer deutlich positiven Bemerkung abzuschließen: »Ist wirklich recht hübsch geworden, Herr Weller! War an der Zeit, dass was verändert wird. Durch die Farben wirkt der Raum jetzt viel freundlicher. Ich fühle mich hier zur Mittagspause richtig willkommen und kann mich daher besser erholen. Vielen Dank, dass Sie sich für den Umbau eingesetzt haben! Das Einzige, was die Atmosphäre noch verbessern würde, sind ein paar Pflanzen – dafür könnte man einige dieser Bilder im Eingangsbereich unterbringen, der wirkt noch etwas leer. Aber im Vergleich zur alten Cafeteria ist es ein Unterschied wie Tag und Nacht!«

»Sehen Sie, Frau Wiese, mit den Grünpflanzen haben Sie Recht, darüber haben wir schon nachgedacht. Übermorgen kommt eine Innenarchitektin, um uns in dieser Hinsicht zu beraten. Vielen Dank für Ihr Feedback. Ich muss jetzt weiter …« Ein Small Talk, zwei glückliche Menschen! 18 Small Talk mit Vorgesetzten

Durch geschicktes Small-Talk-Verhalten sorgen Sie für ein gutes Verhältnis zu Ihren Vorgesetzen. Natürlich muss ein solches Vertrauensverhältnis über Wochen und Monate langsam aufgebaut und vorsichtig gepflegt werden. Und egal ob Sie Ihren Vorgesetzten mit berufsbezogenem Small Talk oder eher privaten Themen wie seine Hobbys oder die Familie ansprechen, entscheidend bleibt, mit welcher Grundhaltung und wie viel kommunikativem Geschick Sie es umsetzen.

Nehmen wir folgenden Fall an: Sie möchten am Wochenende einen längeren Ausflug, eine Kurzreise unternehmen und sich deshalb gerne den Montag freinehmen. Erst am Freitag sprechen Sie Ihren Vorgesetzten darauf an. Dann würde es schon sehr platt und berechnend wirken, wenn Sie ihm kurz vor dem Gespräch ein Kompliment machen, zum Beispiel »Dieses Sakko steht Ihnen wirklich sehr gut, Herr Koch!« Das gilt besonders, wenn Sie normalerweise kaum mit ihm sprechen, schon gar nicht über persönliche Dinge.

Dass man mit Komplimenten gegenüber seinem Vorgesetzten besonders sorgsam umgehen sollte, darauf sind wir an anderer Stelle bereits eingegangen. Kehren wir noch einmal zur Bitte um ein verlängertes Wochenende zurück. Ihr Wunsch ist: »Ich will Montag frei haben!!!« So deutlich werden Sie dies jedoch nicht ausdrücken. Deshalb wählen Sie vielleicht folgende Formulierung: »Herr Koch, kann ich bitte Montag frei haben? Es ist sehr wichtig für mich.« Nicht besonders geschickt, denn bei Ihrem Chef kommen möglicherweise in erster Linie die Worte »ich«, »mich« und »frei« an. Er assoziiert mit diesen Wörtern: »Herr Hasselfelder will sein Wochenende um einen blauen Montag erweitern. Ob wir am Montag seine Arbeit schaffen oder nicht, ist ihm egal!«

Sprechen Sie Ihr Anliegen lieber so an: »Herr Koch, denken Sie, dass *Sie* am Montag auf mich verzichten können?« Mit dieser Formulierung deuten Sie an, dass Sie Verständnis für die Lage Ihres Chefs haben. Sie sehen die Situation aus seiner Perspektive und vertrauen ihm als erfolgreichen Manager, dass er Ihre Aufgaben kurzfristig durch andere Mitarbeiter ausführen lassen kann.

ÜBUNG

Erinnern Sie sich an den letzten Small Talk mit Ihrem Chef.
Was könnten Sie besser machen?

Small Talk in der Bewerbungssituation

Sie sind zu einem Vorstellungsgespräch eingeladen. Selbstverständlich haben Sie sich gut vorbereitet und können mühelos Auskunft geben darüber, was Sie besonders qualifiziert, was Sie bereits alles bewegt haben, warum Sie jetzt wechseln wollen und was Sie an der neuen Aufgabe in diesem Unternehmen, das inseriert und eingeladen hat, besonders reizt. Die Dame am Empfang bittet Sie, Platz zu nehmen, Sie würden abgeholt werden, es kann sich nur noch um ein paar »Minütchen« handeln. Vielleicht bietet man Ihnen einen Kaffee an, den Sie hoffentlich dankend annehmen. Aber worüber sprechen Sie nun?

Falls der Empfang nicht gerade im Keller liegt, können Sie die schöne Aussicht bewundern: »Ich beneide Sie um den tollen Ausblick hier über die Stadt. Wie geht Ihnen das? Freuen Sie sich noch über diesen genialen Standort oder findet man das irgendwann ganz normal?« Oder: »Aber das wirkt hier alles noch ganz neu! Sieht aus, als sei dieses Bürogebäude gerade erst eröffnet worden. Ist das richtig?«

Nun haben Sie Ihrer Gesprächspartnerin mehr als genug Small-Talk-Anknüpfungspunkte geliefert. Fühlen Sie sich nicht verpflichtet, die Sekretärin pausenlos zu unterhalten, denn sie wird auch einiges andere zu erledigen haben. Falls Sie sich also zwischenzeitlich in der Sitzecke niedergelassen haben und die Empfangssekretärin freundlich zu Ihnen herüberlächelt, können Sie noch etwas Nettes nachschieben wie: »Der Kaffee schmeckt übrigens ausgezeichnet! Vielen Dank!« Und während Sie da nun eine knappe halbe Stunde in der Eingangshalle sitzen, zieht vermutlich ein Großteil der Belegschaft an Ihnen vorbei. Auch ein sehr wichtiger Aspekt, denn schließlich gewinnen Sie einen ersten Eindruck von Ihren potenziellen zukünftigen Kollegen.

Nach einer Weile ist das quälende Warten vorbei: Aus dem Fahrstuhl tritt der Personalchef Herr Dr. Bocholt. Er entschuldigt sich für die Verspätung und führt Sie zu seinem Zimmer – wieder eine Gelegenheit zum Small Talk, auch um die eigene verkrampfte Stimmung zu lockern. Nur in Einzelfällen gehen Personalverantwortliche sehr direkt vor: »Lassen Sie uns doch gleich konkret werden. Was möchten Sie über unser Unternehmen wissen?« Meistens jedoch bevorzugen sie den »sanften« Einstieg.

»Willkommen in Starnberg, Frau Diesinger! Ich hoffe, Sie hatten eine gute Anreise. Auf dieser ICE-Strecke ist ja letztens mal ein Zug über zwei Stunden im Tunnel stecken geblieben. Keine schöne Vorstellung, so lange warten zu müssen. Nun, Sie kommen also aus der lebendigen Mainmetropole Frankfurt. Können Sie sich denn überhaupt vorstellen, im geruhsamen Starnberg zu leben, ja, sich heimisch zu fühlen?«

Höflicherweise werden Sie weniger von sich sprechen, sondern auf Herrn Dr. Bocholts Bemerkung über Frankfurt eingehen. »Zunächst einmal herzlichen Dank für die freundliche Einladung. In Frankfurt ist schon ganz schön viel los. Haben Sie denn öfters dort zu tun?« Jetzt könnte Herr Dr. Bocholt die Frankfurter Theaterszene loben und Sie begeistert vom Starnberger See mit seinen Freizeitmöglichkeiten erzählen. Zwei oder drei Sätze müssen jeweils reichen, denn dieser Small Talk vor dem eigentlichen Bewerbungsgespräch soll Ihnen im Wesentlichen helfen, die erste Nervosität abzulegen. Allzu lang darf diese Plauderei also nicht dauern. Natürlich möchte man auch Ihr Kommunikationstalent testen, aber anschließend interessiert dann doch, was Sie sonst noch Konkretes zum Unternehmenserfolg beitragen wollen.

Versäumen Sie es also nicht, sich für die Einladung zum Vorstellungsgespräch zu bedanken. Und wenn möglich: Loben Sie die gute Organisation, das freundliche und bemühte Sekretariat, gegebenenfalls das Entgegenkommen bei einer Terminfindung oder die Unterstützung durch Anreiseskizzen und Hotelbuchung etc. Sie wissen ja, mit Komplimenten öffnet man die Herzen.

20 Small Talk im Assessment Center

Small Talk mit Kollegen und Mitarbeitern

Glauben Sie bloß nicht, Small Talk habe im Berufsalltag und im Zusammenhang mit Ihren Kollegen schon gar keine Bedeutung, denn hier ginge es lediglich um messbare Ergebnisse, die höchstens ein wenig zur Tarnung in freundlich-seichte Höflichkeitskonversation verpackt werden. Sie machen sich das Berufsleben unnötig schwer, wenn Sie Kommunikationsgeschick nicht als einen der wichtigsten Erfolgsbausteine erkennen und pflegen. Leuchtet einem dies erst einmal ein, wird man sich natürlich fragen, worüber man sich mit Kollegen, Mitarbeitern oder Geschäftsfreunden am besten unterhält und wie man leicht einen Gesprächsanfang findet. Die Unterscheide zwischen Alltag und Berufsleben sind dabei eher gering, die Gemeinsamkeiten überwiegen, die Chancen sind fast noch besser.

Wohin, glauben Sie, blicken die meisten Zeitungsleser zuerst: auf den ausführlichen Bericht über die Erfolgsstory eines Börsenanalysten oder auf das Foto, das ihn bei seiner dritten Eheschließung zeigt? Die allermeisten Leute werden fast immer zuerst auf das Foto schauen, weil sie neugierig sind, wer sich mit wem, wo und wann trifft bzw. verheiratet (und das auch noch zum dritten Mal!).

Das bedeutet, dass sich auch am Arbeitsplatz Ihre Kollegen mindestens ebenso für Ihr Privatleben interessieren wie für Ihre Erläuterungen über Testverfahren im Assessment-Center. Nutzen Sie die Chance, Ihr Image aufzubauen!

Ihre Kollegen hören wahrscheinlich gerne zu, wenn Sie von Ihren aufregenden Erlebnissen am Wochenende (situationsbezogener Start, s. S. 29 ff.) erzählen, sofern dies nicht zu langatmig wird oder die Stimmung trübt – achten Sie auf eine positive Grundhaltung. Damit schmieden Sie Ihr Image als optimistischer, selbstbewusster und kontaktfreudiger Mensch.

19 Small Talk mit Kollegen

Vermeiden Sie unbedingt, durch die Art und Dauer Ihrer Erzählungen den Eindruck zu erwecken, Sie seien arrogant oder unglaubwürdig. Und langweilen Sie Ihr Publikum nicht durch kaum enden wollende Geschichten. Gerade der humorvolle Bericht über eigene Missgeschicke schafft Sympathie, da fast jeder schon einmal in einer solchen oder ähnlichen Situation gewesen ist. Zum Beispiel kann eine naive Herangehensweise das Gefühl von Solidarität bewirken: Die junge Frau, die zum ersten Mal alleine ihr verstopftes Waschbecken repariert und dabei das Bad unter Wasser setzt, wird bei anderen Unerfahrenen Anerkennung für ihren Mut finden, bei handwerklich Versierten ein amüsiertes Lächeln und jede Menge hilfreicher Ratschläge. Wer über sich selbst lachen kann, wirkt sympathisch.

Wichtig dabei ist aber vor allen Dingen, nach Ihrer Erzähl-Vorleistung Ihr Gegenüber zu fragen, wie es denn da aussieht, wer wäscht, wie die Erfahrungen sind usw.

Auch wenn es zugegebenermaßen so klingt, als würden alte Klischees wieder hervorgekramt: Frauen sind sentimental und beziehungsorientiert; Männer interessieren sich für Substanzielles und achten auf ihren Status. Oder etwas plakativer: Frauen sprechen gerne über ihre Gefühle, Männer lieber über Autos.

17 Small Talk zwischen den Geschlechtern

Natürlich gibt es genügend Gegenbeispiele, aber vollkommen aus der Luft gegriffen ist diese grob vereinfachte Gegenüberstellung nicht. Frauen sind nun einmal die besseren Small Talker. Meistens fallen ihnen problemlos interessante Themen ein, über die sie gern reden möchten. Sie sind eher bereit, über Privates zu sprechen, und das verbindet. Männer tun sich da wesentlich schwerer. Wenn sie überhaupt einen leichten Gesprächseinstieg finden, herrscht häufig Funkstille, sobald Beruf, Auto und Sport abgehakt sind.

Und so kommt es im Small Talk zwischen den Geschlechtern auch immer wieder zu Missverständnissen und daraus resultierenden Schwierigkeiten. Männer sind schnell irritiert, wenn eine Kollegin Persönliches anspricht; Frauen fehlt der rechte Enthusiasmus, sich stundenlang über Arbeitsspeicher und Festplattengröße der neuesten Computermodelle zu unterhalten.

Im Allgemeinen gilt jedoch, dass Gespräche, an denen Frauen beteiligt sind, harmonischer verlaufen, da Frauen eher um Ausgleich bemüht sind. Männer treten häufig selbstbewusster auf und stellen ihre Ansichten gerne als Fakten in den Raum. Dass solches Verhalten nicht gerade für eine entspannte Small-Talk-Atmosphäre sorgt, leuchtet ein.

ÜBUNG

Gestalten Sie Ihr Image! Machen Sie sich klar, was Sie gerne über sich erzählen und was nicht.

Small Talk mit Geschäftspartnern

Stellen Sie sich folgende Situation vor: Ein leitender Mitarbeiter eines Softwareunternehmens hat Ihre Kollegin und Sie zum Geschäftsessen in ein chinesisches Restaurant eingeladen. Nachmittags werden Sie in Ihrem Büro über das neue Buchführungsprogramm für Ihre Firma sprechen, aber hier im Lokal ist Small Talk angesagt. Genau aus diesem Grund ist das Wort »Geschäftsessen« ein unglücklicher Begriff. Klingt es doch so, als würden zwischen zwei Gabeln Pasta die wichtigsten Verträge abgeschlossen. Dabei geht es beim Geschäftsessen vor allem darum, die Geschäftspartner in eine gute Stimmung zu versetzen. Später am Konferenztisch lassen sich bessere Ergebnisse erzielen, wenn man sich vorher von seiner sympathischen Seite präsentieren konnte.

Sie sitzen also im Restaurant und haben bereits verschiedene Themen angesprochen. Irgendwann geht es dann auch um Urlaubsreisen. Herr Mohr von der Computerfirma hat etwas Besonderes zu bieten: Er hat bei seiner Reise nach Neuseeland die Gelegenheit genutzt, von einer Brücke aus Bungee zu springen. Gerade setzt er an: »Da sitz ich also auf dem Geländer und seh tief unter mir den Fluss ...«, als der italienische Kellner ihn unterbricht: »Scusi, hat leider etwas länger gedauert, tut mir leid, großer Andrang. Wer bekommt die Brodetto di pesce? Und hier haben wir noch una Trote alla griglia und die schöne Salmone in salsa d'arance. Noch etwas zu trinken, Signori? Buon appetito!«

Herr Mohr ist sprachlos: Gerade wollte er seine Heldentat zum Besten geben, aber durch die Störung ist die »Luft raus«. Eigentlich könnte er dort weitererzählen, wo er aufgehört hat, aber er tut es nicht – entweder, weil er den Faden verloren hat, oder weil er annimmt, dass sich die anderen nun eher ihrer gebratenen Ente als seinen Erzählungen widmen möchten. Auf alle Fälle wurde ihm der Spaß beim Erzählen seiner Geschichte gründlich verdorben, er scheint sich unwohl zu fühlen.

Entspannen Sie die Situation. Tun Sie Herrn Mohr den Gefallen, dort wieder anzuknüpfen, wo er unterbrochen wurde. Sie können sich noch gut erinnern, an welcher Stelle er gerade war, als das Essen gebracht wurde. Bringen Sie zum Ausdruck, dass Sie am weiteren Verlauf der Geschichte interessiert sind: »Das ist ja spannend, Herr Mohr. Sie waren gerade an der Stelle, wo Sie auf dem Brückengeländer saßen, unter Ihnen der Abgrund. Was war das für ein Gefühl? Mir wäre ganz schlecht vor Angst. Erzählen Sie doch, wie es Ihnen erging!«

Mit dieser bedeutenden Small-Talk-Strategie haben Sie die Situation gerettet, indem Sie den Erzählfluss wieder in Gang gebracht haben. Das beweist unter anderem, dass Sie wirklich zuhören. Zudem haben sie die Peinlichkeit überbrückt, die solche Störungen häufig mit sich bringen. Wer wird schon gerne unterbrochen? Nicht jeder hat den Schneid, einfach an der gleichen Stelle wieder anzufangen, sondern ist höchst erfreut, wenn ihn ein anderer dazu auffordert. Leider ist diese Hilfestellung nicht selbstverständlich, daher fällt sie besonders positiv auf.

18 Small Talk mit Vorgesetzten

Prinzipiell gilt für Gespräche mit Geschäftspartnern, dass man nie gleich verhandelt, sondern mit Small Talk zunächst für eine entspannte Atmosphäre sorgt. Am sympathischsten erscheinen Sie, wenn Sie mit Ihrer Einstiegsfrage Interesse am Befinden des anderen zeigen: »Wie war die Fahrt, der Flug? Haben Sie gut hierhergefunden? Wie gefällt es Ihnen in unsrer Stadt? Sind Sie zum ersten Mal hier? Haben Sie sich schon vieles anschauen können? Sind Sie mit Ihrem Hotel zufrieden? Planen Sie einen Museumsbesuch? Wollen Sie ins Theater?«

Events, Jubiläen, Betriebsfeste und Partys: die ganz besonderen Small-Talk-Situationen

Viele Menschen haben einen regelrechten Horror vor größeren Zusammenkünften wie Festivitäten, auf denen sie nur den Gastgeber kennen und selbst diesen manchmal nicht, weil es sich im beruflichen Bereich eher um eine große, fast anonyme Institution handelt, bei der man nur einen oder höchstens zwei Gesprächspartner persönlich etwas näher kennt. Dabei sind gerade dies häufig die spannendsten Events oder Partys. Zum einen ist es gerade auf solchen Veranstaltungen ganz unkompliziert, andere anzusprechen (doch dazu später mehr), zum anderen geht man vollkommen unbelastet in Gespräche mit Fremden. Man muss sich an nichts erinnern, zum Beispiel was einem der Gesprächspartner bei einem früheren Gespräch erzählt hat, weil es nun einmal kein früheres Gespräch gab. Außerdem hört man nicht zum wiederholten Mal dieselben langweiligen Geschichten von Menschen, die man schon beim letzten Mal nicht wirklich mochte. Und das Schönste: Man hat die Chance, neue Eindrücke zu gewinnen, neue Kontakte zu knüpfen und neue Komplimente zu verteilen.

Überlegungen vor dem Ereignis

Wenn Sie im Briefkasten (vielleicht auch als E-Mail oder als Papier auf Ihrem Büroschreibtisch) eine Einladung zu einer Festivität finden (egal ob Firmenjubiläum, Event oder schlicht Präsentationsveranstaltung, Betriebseinweihung, Messefest oder im Privatbereich eine Geburtstagsfeier oder Party – egal aus welchem Anlass auch immer, wir nennen es jetzt hier einmal ganz allgemein »Feier«), dann sollte es selbstverständlich sein, sich innerhalb der nächsten drei Tage dafür zu bedanken und Nachricht zu geben, ob Sie kommen und ggf. mit wie vielen Personen. Anschließend werden Sie sicherlich überlegen, was Sie da eigentlich erwartet. Natürlich hoffen Sie auf eine angenehme Feier, sind vermutlich gespannt auf die anderen Gäste und fragen sich möglicherweise, was Sie anziehen sollen. Wirklich gut vorbereitet sind Sie, wenn Sie sich vor dem Event (Festereignis) die folgenden Fragen beantworten.

Wer wird auf dem Fest sein?

Wer ist außer Ihnen noch eingeladen? Oder präziser gefragt: Welche der anderen Gäste interessieren mich? Wer wird dort sein, den ich aus beruflichen Gründen treffen sollte? Sind Leute eingeladen, denen ich lieber nicht begegnen will? Da von dieser Frage einiges abhängen kann, ziehen Sie besser telefonisch beim Gastgeber Erkundigungen ein, wobei Sie sich natürlich zunächst für die freundliche Einladung bedanken. Im Laufe des Gesprächs fragen Sie nebenbei, wer voraussichtlich noch alles kommt. Der Gastgeber wird sicher gern Auskunft über die wichtigen Leute geben, die ihm die Ehre erweisen wollen, seiner Einladung zu folgen, und Sie schreiben fleißig mit. So können Sie sich effektiv auf das Fest vorbereiten, indem Sie planen, mit wem Sie Kontakt aufnehmen möchten und was die Themen sein könnten.

Was interessiert die anderen Gäste?

Selbst wenn Sie den Gastgeber nicht fragen konnten oder wollten, wer noch eingeladen ist, gibt es Anhaltspunkte dafür, wer die anderen Gäste sein könnten.

Nehmen wir mal an, die Gastgeberin ist Landschaftsplanerin und arbeitet in der Gartendenkmalpflege. Dann werden vermutlich noch weitere Landschaftsplaner auf dem Fest sein. Es wird nicht nur, aber sicher auch um die Pflege, den Erhalt und die Gestaltung historischer Parkanlagen gehen. Wenn Sie bei diesem Thema einen halbwegs guten Eindruck machen wollen, informieren Sie sich ein wenig aus Broschüren oder dem Internet. Sie müssen nicht mit den Experten versuchen zu rivalisieren, jedoch um eine intelligente Frage stellen zu können, ist es hilfreich, sich etwas vorzubereiten.

Eine Redensart besagt: Über Geschmack lässt sich streiten. Falls Sie sich also an einem Gespräch über den Schlosspark von Sanssouci, den Berliner Tiergarten oder den Wörlitzer Park beteiligen, halten Sie sich davor zurück, Ausdrücke wie »überladen, geschmacklos, verwahrlost, eintönig« oder »kitschig« unbedarft fahrlässig zu benutzen. Diese vorschnellen, wenig fundierten Urteile können Sie in Sekunden zu einem arroganten, ignoranten Schnösel abstempeln. Das muss ja nicht sein!

Natürlich kann man sachlich erklären, was einem an dem einen oder anderen Park nicht so gut gefällt, man sollte aber immer damit rechnen, dass der Fachmann von ausgerechnet diesem Objekt fasziniert ist. Am besten, Sie kalkulieren von vornherein ein, dass nicht jeder die eigene Meinung teilt.

Deshalb ist es eine kluge Small-Talk-Strategie, zunächst vorsichtig die Grundposition des Gesprächspartners herauszufinden. Sicherlich nicht, um ihm anschließend nach dem Mund zu reden, aber als Hintergrund, um Ihre eigene Position lieber diplomatisch und sachlich zu vertreten. Lassen Sie sich doch bei dieser Gelegenheit einmal von einem Fachmann er- bzw. aufklären, warum er dieses oder jenes Objekt so schrecklich scheußlich oder so fantastisch findet. Danach ist immer noch Zeit, Ihre ganz persönliche Einschätzung vorzutragen. Dabei geht es nicht um Duckmäuserei, Anpassung um jeden Preis, sondern um Small-Talk-Diplomatie, um Geschicklichkeit und – nicht zu vergessen – um die Chance, etwas dazuzulernen.

Sollten Sie in die Situation geraten sein, sich mit Ihrer Einschätzung einer Sache offensichtlich in konträrer Position zu Ihrem Small-Talk-Partner zu befinden, dann ist das eine wunderbare Gelegenheit, sich den Standpunkt Ihres Gegenübers anzuhören. Bitten Sie ihn, Ihnen ausführlich zu erklären, wie er die Dinge sieht, und hören Sie intensiv zu.

Und schon sind wir wieder beim Zuhören, beim Zurücknehmen und dabei, Ihnen als Small Talker nochmals klarzumachen, dass es darauf ankommt, dass sich Ihr Gegenüber wohlfühlt. Das bedeutet keinesfalls, dass wir jetzt Ihre Interessen völlig aus dem Auge verlieren. Im Gegenteil: Was, glauben Sie, wird Ihr Gesprächspartner später seiner Frau erzählen, wenn die beiden sich über das Fest und ihre Begegnungen austauschen? »Ich habe da mit einem jungen Mann/einer jungen Frau gesprochen, der/die .... Und dann habe ich ihm erklärt, warum das aber so und so ist. Ganz sympathisch, dieser ...«

So machen Sie leicht neue Bekanntschaften und gestalten Ihren Auftritt

Der typische Eventbesucher oder Partygast betritt den Ort/Raum und sucht als Erstes nach bekannten Gesichtern. Während er noch denkt: »Na prima, da hinten steht Anna!«, ist er auch schon auf dem Weg zu ihr. Mit der guten Bekannten kann er über alles Mögliche quatschen und auch gerne ein bisschen über andere lästern. Zwischendurch schaut er sich vielleicht mal neugierig um, ob es interessante Leute gibt, mit denen es sich zu reden lohnt. Er hofft, dass der eine oder andere unbekannte Gast ihn sieht und ihn ansprechen wird oder wenigstens ein kleines Signal sendet, das eine Small-Talk-Austauschbereitschaft vermittelt.

Kommunikationsprofis gehen anders vor. Sie lassen den Blick durch den Raum schweifen mit der Absicht, Leute zu entdecken, mit denen sie sich gerne unterhalten würden, die sympathisch wirken oder die sie sogar beruflich weiterbringen könnten. Entscheidend für dieses Vorgehen ist der Erfolg, mit dem der Blickkontakt zu anderen Gästen aufgenommen wird: ein offener, freundlicher Blick, der ausdrückt: »Sie wirken auf mich sympathisch, und ich würde mich gerne mit Ihnen unterhalten.« Der Kommunikationsprofi entscheidet selbst, mit wem er ein Gespräch führen möchte. Zu Gesprächsbeginn sucht er nicht fieberhaft nach einem geeigneten Thema, sondern stellt sich ganz einfach vor: »Guten Abend! Ich bin Anton Pieper. Sie lächeln so nett. Da dachte ich, geselle ich mich mal zu Ihnen.«

Wenn Sie mit dieser Haltung auf mögliche Gesprächspartner zugehen und ihnen das Gefühl vermitteln, dass sie sympathisch auf Sie wirken, werden Sie kaum auf Ablehnung stoßen. Schade, dass es so wenige Menschen gibt, die sich mit solch einer freundlichen, offenen Haltung an andere wenden, denn fast jeder freut sich über die Botschaft: »Ich finde dich interessant und möchte dich gern näher kennen lernen.«

Leider ist dies auf Partys, Empfängen und Events nicht die Regel. Die meisten Gäste erscheinen in Paaren oder Kleingruppen und gehen dann gezielt auf Bekannte zu, mit denen sie sich stundenlang unterhalten. Oft tun sie dies aus Bequemlichkeit oder sogar fehlendem Mut, neue Leute kennen zu lernen. Entsprechend langweilig läuft die Konversation dann oft ab, man erzählt sich die gleichen Anekdoten wie bei der letzten Party. Dabei kann es so einfach sein, neue Bekanntschaften zu machen: »Guten Abend, ich bin Michael Richter.«

Natürlich gilt auch für Betriebsfeiern, was wir soeben allgemein über Small Talks auf Festen gesagt haben. Gerade wenn im Unternehmen gefeiert wird, sollten Sie schon aus eigenem Interesse besonders offen für Gespräche mit Ihren Kolleginnen und Kollegen sein, die Sie bis dahin noch nicht kannten. Und ob es Ihnen gefällt oder nicht, Ihre Vorgesetzten werden bei solchen Anlässen Ihr Verhalten möglicherweise beobachten. Wenn Sie sich da von Ihrer kommunikativen Seite zeigen, sammeln Sie sehr leicht Pluspunkte.

Angenommen, das Unternehmen, für das Sie arbeiten, feiert fünfzigjähriges Jubiläum. Garantiert werden zu diesem Fest auch Geschäftsfreunde eingeladen. Sie als Mitarbeiter sollten bei diesem Anlass nicht die ganze Zeit mit den Kollegen zusammensitzen, die Sie ohnehin schon jeden Tag im Büro sehen. Nehmen Sie aktiv Ihre Rolle als »Repräsentant« diese Unternehmens wahr. Gehen Sie lieber offen auf Ihnen unbekannte Gäste zu. Schauen Sie sich in aller Ruhe im Saal um. Wer sieht sympathisch aus? Wer lächelt freundlich? Vielleicht steht fünf Meter weiter ein älteres Ehepaar. Sie kennen die beiden zwar nicht, aber da sie so nett herüberschauen, gehen Sie auf sie zu und stellen sich vor: »Mein Name ist Oliver Bodemann. Ich arbeite seit knapp drei Jahren in der Controlling-Abteilung der Firma. Darf ich Sie einmal fragen, in welcher Beziehung Sie zu unserem Unternehmen stehen?«

Vielleicht stellt sich heraus, dass der nette ältere Herr mit Ihrem Chef zur

Schule gegangen ist. Möglicherweise erzählt er Ihnen, wie technikbegeistert Ihr Vorgesetzter schon im Gymnasium war. Anschließend können Sie dann berichten, wie gerne Sie in der Firma arbeiten, schon allein wegen des angenehmen Betriebsklimas. Irgendwann werden Sie dieses Gespräch beenden: »Ich habe mich sehr gefreut, Sie kennen zu lernen, und wünsche Ihnen weiterhin viel Vergnügen auf dieser Feier.«

Danach plaudern Sie möglicherweise kurz mit der Dame, die links hinter Ihnen steht. Sie wissen von dieser Kollegin nur, dass sie Kröger heißt und in der Buchhaltung arbeitet. Sie gehen lächelnd zu ihr herüber, stellen sich vor und sagen so etwas wie: »Schön, dass man auf dieser Feier auch einmal die Gelegenheit hat, sich mit Kolleginnen aus anderen Abteilungen zu unterhalten. Wie hat Ihnen denn der Abend bisher gefallen? Mögen Sie die Musik oder hören Sie privat sonst lieber etwas anderes?«

Was die Themen auf Betriebsfeiern angeht: So wie man in der Freizeit häufig über seinen Beruf spricht und natürlich auch bei privaten Feiern manchmal auf interessante neue Geschäftskontakte hofft, so klammert man auf Betriebsfesten das Persönliche nie ganz aus.

Fazit: Kommunikationsstärke spielt gerade im Berufsleben, zu dem letztlich auch Betriebsfeste gehören, eine wesentliche, wenn nicht die entscheidende Rolle. Nur wenige Menschen gehen selbstsicher und offen auf Fremde zu. Falls Sie zu dieser Gruppe gehören, ist das ein wichtiger Karrierefaktor. Und Übung macht den Meister.

Small Talk in der Gruppe

Doch zurück zu unserem Betriebsfest-Beispiel. Angenommen, Sie unterhalten sich prächtig mit Ihrer Kollegin Gabi. Nach ein paar Minuten gesellt sich ein Herr zu Ihnen. Wer ist denn das nun wieder? In irgendeiner Form scheint er zu Gabi zu gehören. Ob dieser sich nun so dringend an die Fersen seiner Freundin heften muss oder auch einmal fünf Minuten mit anderen Gästen plaudern könnte, das wollen wir hier gar nicht weiter vertiefen. Bleiben wir bei den Tatsachen. Da steht er nun. Klaus heißt er, wie sich sehr bald herausstellt. Gabi macht Sie netterweise miteinander bekannt, was leider gar nicht so selbstverständlich ist. Wenn Sie ehrlich sind, dann kämen Sie während Ihres Kurzaustauschs über den neuen Film mit Hugh Grant auch recht gut ohne Klaus aus, aber der mag seiner Gabi gar nicht mehr von der Seite weichen. Was tun? Es ist ausgesprochen unhöflich, ihn ganz einfach zu ignorieren. Sie haben gar keine andere Wahl, als ihn ins Gespräch mit einzubeziehen. Und falls Sie dabei Ihren Charme spielen lassen, kann auch das Gespräch zu dritt sich ganz angenehm gestalten.

Small-Talk-Regel auf Events oder Partys (aber auch sonst wichtig): Stehen mehrere Gäste beieinander, sollte man dafür sorgen, dass sich niemand ausgeschlossen fühlt. Falls man sich gerade sehr intensiv mit einem in der Runde unterhält, kann man den anderen zumindest durch Augenkontakt signalisieren, dass man sich auch über ihre Anwesenheit freut.

So schließen Sie sich einer Gruppe an

Wenn Sie selbst auf eine Gruppe anderer Gäste zugehen wollen, kann auch das ganz unkompliziert ablaufen, solange Sie sich nicht ausgerechnet die beiden Gäste aussuchen, die flüsternd in der Ecke stehen und offenbar Intimes austauschen. Gesellen Sie sich lieber zu größeren Gruppen, in denen gelacht wird. Schließlich dienen Partys dazu, neue Bekanntschaften zu machen, Sie wirken also weder ungehobelt noch aufdringlich. Legen Sie Ihre Hemmungen ab und stellen Sie sich einfach dazu!

Die Einbeziehung in das Gespräch verläuft in Etappen. Es wäre plump, wenn Sie die Unterhaltung mit den Worten unterbrechen würden: »Guten Abend, ich bin Wolfram Peters! Wie geht es Ihnen denn so?« Werfen Sie lieber ein freundliches »Hallo« in die Runde und nehmen Sie kurz Blickkontakt mit den anderen auf. Zunächst reicht es, zuzuhören, worüber sich die anderen gerade unterhalten. Meist bieten die allgemein gehaltenen Themen gute Einstiegsmöglichkeiten.

Selbstverständlich verbietet es sich schon aus Höflichkeit, Bemerkungen wie »So ein Quatsch!« oder »Dazu habe ich eine völlig andere Meinung!« von sich zu geben. Sie integrieren sich besser, wenn Sie Zustimmung signalisieren, zum Beispiel »Da haben Sie Recht, dafür gibt es viele gute Gründe«. Es versteht sich von selbst, dass Sie am Anfang eines Gesprächs nur kurze, interessante Bemerkungen einflechten und nicht versuchen, das Gespräch an sich zu reißen.

Am Büfett

Wer auf größeren Zusammenkünften Hemmungen hat, wildfremde Menschen anzusprechen, weil ihm kein rechtes Thema einfallen will, der sollte am Büfett (falls vorhanden) auf »Gesprächspartner-Fang« gehen. Bei privaten Anlässen ist der ideale Ort dafür die Küche, bei geschäftlichen Veranstaltungen trifft man sich am Büffet. Dort liegen die Themen auf der Hand oder richtiger: auf dem Tisch. »Hmm, Sie müssen unbedingt den Geflügelsalat probieren. Der ist Kerstins Spezialität. Den macht sie immer zu ihrem Geburtstag. Ich glaube, Sie sind dieses Jahr zum ersten Mal dabei, oder? Ich bin übrigens Stefan Klein, guten Abend.« Wenn man sich sympathisch ist, schaut man dann gemeinsam, ob man noch irgendwo zwei freie Stühle findet.

Das funktioniert im Wortlaut vielleicht etwas anders, wenn es sich um ein offizielles Fest mit beruflichem Hintergrund handelt. Aber es funktioniert.

Warum zeigen Sie sich nicht von Ihrer galanten Seite und bieten dem Gast neben Ihnen an, ihm ein Stück Fleisch auf den Teller zu legen, wo Sie doch gerade die Serviergabel in der Hand halten? Hilfsbereitschaft ist immer eine großartige Möglichkeit, einen Small Talk zu initiieren. Während man am Büfett steht, sind Gesprächseinstiege sehr gut möglich. Ein absoluter Fauxpas ist es jedoch, sich auf Gäste zu stürzen, die gerade essen. »Guten Abend, ich bin Thorsten Schmidt. Und wer sind Sie?« Wer isst, der möchte und sollte nicht gestört werden. Irgendwann wird derjenige, den Sie unbedingt kennen lernen möchten, auch mal den Teller zur Seite stellen. Erst dann sollten Sie ihn ansprechen.

Zur Rolle des Gastgebers

Sie möchten sicher auch, dass sich Ihre Gäste »wie zu Hause« fühlen. Als Gastgeber haben Sie den Vorteil, alle Gäste mehr oder weniger gut zu kennen – nutzen Sie ihn, um den Kontakt untereinander zu erleichtern. Und wie? Ganz einfach, Sie stellen sie einander vor. Üblich, wenn auch im informellen Rahmen nicht zwingend notwendig ist es nach wie vor, den Herrn der Dame vorzustellen, den Jüngeren dem Älteren und den beruflich Rangniederen dem Ranghöheren.

Es ist leicht, Namen zu nennen, das allein führt jedoch nicht dazu, dass die Gäste miteinander ins Gespräch kommen. Wenn Herr Schulze weiß, dass die Dame neben ihm Frau Giesebrecht heißt, nutzt ihm das wenig. Fügen Sie

Ihrer Vorstellung noch etwas hinzu, zum Beispiel: »Herr Scholz, darf ich Sie mit Frau Giesebrecht bekannt machen? Sie wohnt auch in Unterhaching.« Oder: »Ihr Sohn macht auch gerade Zivildienst in einem Krankenhaus, wie Ihrer.« Oder: »Sie interessiert sich wie Sie auch für Buddhismus.« Dieser Aufhänger erleichtert Ihren Gästen den Einstieg in den Small Talk.

Natürlich werden Sie Herrn Maier Frau Kaiser vorstellen, wenn dieser Sie darum bittet. Wobei dies auf informellen Festen allerdings leicht verkrampft erscheinen kann und nur dann Sinn macht, wenn Herr Maier zwar vermutet, dass Frau Kaiser anwesend ist, aber nicht weiß, wie sie aussieht. Wesentlich unkomplizierter ist es, einfach auf Frau Kaiser zuzugehen und sie direkt anzusprechen. »Guten Abend, Frau Kaiser. Ich möchte mich Ihnen gerne vorstellen. Ich bin Gunther Maier. Ich lese regelmäßig Ihre Kolumne in der Tageszeitung und freue mich sehr, Sie heute einmal persönlich kennen zu lernen.« Oder: »Die Gastgeberin hat mir schon viel von Ihnen erzählt. Sie sind doch ...«

Was häufig empfohlen und gelegentlich auch praktiziert wird, ist das Zusammenführen von zwei Gästen, die hilflos in verschiedenen Ecken stehen und sich sichtlich unwohl fühlen. Da gibt es dann immer wieder couragierte Gastgeber, die Gast A an die Hand nehmen und herüber zu Gast B zerren. »Helga, ich möchte, dass du Dieter kennen lernst. Er ist genau wie du Deutscher. So, und nun unterhaltet euch mal schön!« Und schon rauscht sie wieder ab, die Gastgeberin. Zurück lässt sie zwei Menschen, die sich nach dieser Überrumpelung noch elender fühlen als vorher. Wenn man merkt, dass der eine oder andere Gast keinen rechten Anschluss findet, wird man sich als aufmerksamer Gastgeber selbst eine Weile mit diesem Gast unterhalten und ihm zeigen, wie sehr man sich über seine Anwesenheit freut. Erst dann sollte man entscheiden, ob man ihn mit anderen Gästen bekannt machen will.

Bringen Sie nur Gäste zusammen, bei denen Sie gemeinsame Interessen vermuten, wo Ihr Gefühl Ihnen sagt: »Die beiden werden sich einiges zu sagen haben!« Das Verkuppeln von zwei gelangweilten oder unsicheren Gästen ist nur selten eine gute Ausgangsposition für ein spannendes Gespräch. Außerdem sollten Sie die betreffenden Personen vorher fragen: »Wenn Sie Lust haben, stelle ich Ihnen gerne Frau Grüber vor. Sie ist Staatsanwältin!« Beobachten Sie einfach, wie sie auf diesen Vorschlag reagiert. Falls Sie kein Interesse erkennen können, sollten Sie niemanden zu seinem Glück zwingen.

Wie man sich als Gast gegenüber dem Gastgeber verhält

Natürlich bedanken Sie sich bei Ihrem Gastgeber für die Einladung und sagen auch etwas Verbindliches wie: »Das ist ein wirklich wichtiger Anlass heute, um .... zu würdigen!« Oder: »Eine supertolle Stimmung heute Abend hier bei Ihnen. Nicht wiederzuerkennen, die ... Wirklich gelungen, diese Dekoration!« Falls Sie den Gastgeber gerade in einer ruhigen Minute erwischen, dürfen es auch gerne zwei oder drei Sätze mehr sein. Beginnen Sie mit einem Kompliment und bringen Sie Ihre Dankbarkeit für die Einladung zum Ausdruck. Nur für längere Gespräche mit dem Veranstalter bzw. Gastgeber, in die man dann womöglich auch noch Wichtiges oder Problematisches einfließen lassen möchte, sind ein Event, eine Feier oder im privaten Bereich eine große Party absolut nicht der richtige Rahmen. Der umsichtige Gastgeber hat an diesem Abend hundert Dinge im Kopf: Habe ich schon alle Gäste begrüßt? Hat jeder Gast etwas zu trinken? Läuft das Programm nach Plan und kommt das alles bei den Besuchern gut an? Reicht das Essen? Ist die Raumtemperatur angenehm? Kann es sein, dass sich im Nebenzimmer zwei angetrunkene Gäste streiten? Hat jemand auf dem Parkplatz ein geparktes Auto demoliert?

Wer sich um das Wohl von Hunderten Besuchern oder auch nur zwanzig persönlichen Gästen sorgt, kann an so einem Abend keine wirklich intensiven Gespräche führen. Sie ersparen sich selbst die Frustration, mit jemandem zu sprechen, der Ihnen nur mit halbem Ohr zuhört.

Fazit: Im Grunde können Sie Small-Talk-Einstiegen auf Festivitäten jeder Art im Grunde ganz entspannt entgegensehen. Mehr als ein sympathisches, offenes Lächeln und Interesse an Ihren Mitmenschen brauchen Sie zunächst einmal gar nicht. Gehen Sie einfach auf die Menschen zu, deren positive Ausstrahlung Sie neugierig macht.

Daneben gibt es allerdings doch schon auch einige geschriebene und ungeschriebene Gesetze, an die man sich halten sollte. Manche Aspekte haben wir angesprochen, andere würden den Rahmen sprengen. Je förmlicher die Feier, desto eher wird es Gäste geben, die sich echauffieren, wenn jemand das Weinglas falsch hält oder laut lacht. Letztlich macht Übung den Meister. Wer häufig Empfänge, Events oder Promi-Partys besucht, weiß sehr bald intuitiv, worauf es ankommt, damit er ankommt. Einmal lernt man natürlich durch Beobachten der anderen Teilnehmer bzw. Gäste, ansonsten gilt »Learning by doing«. Probieren Sie es einfach aus, welche Reaktionen Sie mit Ihren Fragen und Geschichten hervorrufen.

Auf beinahe jeder größeren Festivität gibt es interessante, sympathische Gäste oder Besucher, mit denen Sie spannende Small Talks führen können. Insbesondere dann, wenn Sie selbst offen sind für neue Bekanntschaften. Falls Sie allerdings wider Erwarten einmal niemanden entdecken, mit dem sich eine Unterhaltung lohnen würde, sollten Sie konsequent und selbstbewusst sein und – gehen! Bei aller Liebe zu Offenheit und Toleranz: Es gibt durchaus Veranstaltungen mit Menschen, mir denen einen erstaunlich wenig verbindet. Wissen Sie noch, wo der Eingang war? Genau dort geht es auch wieder hinaus. Sie haben es nicht nötig, sich a) zu langweilen oder b) von anderen Gästen ignoriert zu werden.

Drei aufschlussreiche Small-Talk-Beispiele

Auf einer Produktpräsentation

Sie sind zur Vorstellung eines neuen Produkts eingeladen. Der Hersteller hat zu dieser Veranstaltung einige Interessenten eingeladen. Auch bei solch einem Ereignis geht es wieder darum, Menschen zusammenzuführen und miteinander bekannt zu machen.

Vor der eigentlichen Präsentation versammeln sich die Gäste zu einem Stehempfang. Man begrüßt alte Bekannte, knüpft neue Kontakte. Abgesehen vom Gastgeber kennen Sie niemanden. Doch als Small-Talk-Erfahrener bewegen Sie sich gelassen in der Menge der Unbekannten. In Ruhe beobachten Sie die anderen, gehen auf die Jagd nach »Small-Talk-Beute«. Vielleicht erkennen Sie ein bekanntes Gesicht (im Sinne von: schon mal wo gesehen, weiß nur nicht mehr, wo und in welchem Zusammenhang). Möglicherweise weckt jemand Unbekanntes Ihre Neugier, so dass Sie ihn ansprechen möchten. Während Sie also gelassen durch den Raum streifen, fallen Sie einem Small-Talk-Profi auf. Er wendet sich Ihnen zu, knüpft an die Situation an, stellt die einfachsten Fragen, die ein Gespräch in Gang bringen: »Sie stehen in der Menge so allein. Sind Sie das erste Mal hier im Haus? Kommen Sie hier aus Berlin oder der näheren Umgebung? Was machen Sie beruflich, dass Sie sich für dieses Produkt interessieren, das hier heute Abend vorgestellt wird?«

Nun wollen wir Ihnen nicht empfehlen, auf Veranstaltungen darauf zu warten, dass Sie irgendjemand anspricht. Das funktioniert zwar häufig und manchmal ergibt sich daraus auch ein nettes Gespräch, nur muss das eben nicht so sein. Mit ein wenig Pech geraten Sie auf diese Weise an absolute Langweiler. Entscheiden Sie lieber selbst, wer Ihnen sympathisch ist, und gehen *Sie* auf diese Personen zu.

ÜBUNG

Nehmen Sie sich vor, auf der nächsten Veranstaltung, die Sie besuchen, selbst die Initiative zu ergreifen und einen interessanten Menschen anzusprechen.

Wie man insbesondere im Berufsleben Small Talks eröffnet, dafür haben wir im letzten Abschnitt einige Einstiegsthemen und Fragen aufgeführt. Es ist wirklich kein Mysterium, aber lesen Sie dazu auch den nächsten Bericht!

Im Bundesministerium

Berlin, in den Räumen eines Bundesministeriums. Bankrepräsentanten, Verbandspräsidenten, hohe Ministerialbeamte und was sonst Wirtschaft und Politik an professionellen Netzwerkern zu bieten haben sind versammelt. Das Besondere: Fast alle sind neu in der Stadt. Die meisten kennen sich noch nicht.

Diesen Zustand wollen alle ändern, denn unmotiviertes Herumstehen und Warten auf den Vortrag ist unbefriedigend. Sie empfinden die typische Mischung aus Unsicherheit und hohem Anspruch, oder besser Unsicherheit wegen zu hohen Anspruchs: Sie kennen niemanden, keiner spricht Sie an. Einfach nur dastehen kommt nicht infrage, denn solche Veranstaltungen sind typische Kommunikationssituationen, in denen man reden »muss«. Aber was soll man sagen? Wer sind diese unbekannten Leute? Worüber kann man mit ihnen reden, ohne wie ein Idiot dazustehen? Etwa über das Wetter? Wäre das nicht zu banal?

Während Ihnen diese Gedanken durch den Kopf gehen, spricht Sie endlich ein freundlicher Herr an, der wie zufällig neben Ihnen steht. Lächelnd reicht er Ihnen die Hand: »Guten Abend, ich bin Hans Petersen aus Bremen vom BDI. Was treibt Sie denn heute Abend hierher? Lassen Sie uns mal die Visitenkarten austauschen. Schließlich sind wir ja hier, um uns kennen zu lernen.«

Herr Petersen, der genau wie Sie niemanden in dieser Gesellschaft kannte, hatte Ihnen offenbar einige Small-Talk-Erfahrungen voraus. Ganz unbefangen beschrieb er die Situation: Natürlich wird hier ein Vortrag gehalten, aber im Grunde geht es darum, dass sich Leute mit ähnlichen beruflichen Interessen kennen lernen. Kurz gesagt: ein Networking-Abend. Dieser Small-Talk-Einstieg – die Situation als Anknüpfungspunkt – ist genauso einfach wie effektiv.

ÜBUNG

Was sagen Sie, wenn Sie derjenige sein wollen, der die Initiative zum Gespräch übernimmt?

Im Computerkurs

Wir haben es bereits angesprochen: Warten Sie nicht darauf, dass andere den Small Talk eröffnen. Sprechen Sie lieber selbst die Menschen an, deren Ausstrahlung Sie neugierig macht. Angenommen, Sie nehmen an einem Computerkurs teil. Vermutlich treffen hier Menschen aus den verschiedensten Berufen aufeinander. Am ersten Tag stehen die meisten in der Pause etwas verlegen und unsicher herum. Garantiert ist irgendjemand dazwischen, der Ihnen sympathisch erscheint. Warum gehen Sie nicht einfach auf diese Person zu: »Guten Tag. Ich bin Carsten Baumbecker. Schön, dass Sie auch an diesem Kurs teilnehmen. Wie ist Ihr erster Eindruck nach dem Einführungsvortrag heute Vormittag?« Nachdem das Eis gebrochen ist, werden Sie dann vermutlich sehr bald auch über andere Themen sprechen.

Nach diesem Small Talk werden beide Gesprächspartner mit besseren Gefühlen an den Computerkurs herangehen. Lehrgänge machen in jedem Fall mehr Spaß, wenn man ein gutes Verhältnis zu den anderen Teilnehmern aufbaut. Und das funktioniert am leichtesten über Small Talk. Außerdem können Sie sich bei Verständnisfragen zur Handhabung des Computerprogramms auch einmal an die Kursteilnehmer wenden, deren Sympathien Sie gewonnen haben.

Das Spielmaterial oder Über was man so alles reden kann ...

Im Folgenden werden wir Ihnen verschiedene Themenbereiche und Einstiegsfragen vorstellen, die sich in Small Talks gut für Gesprächseröffnungen eignen. Dabei geht es uns vor allem darum, zu zeigen, dass man sich im Small Talk mit Sicherheit keine Sorgen über mangelnden Gesprächsstoff machen muss. Ihnen werden bestimmt weitere Themen und damit verbunden spezifische Einstiegsfragen einfallen, die Sie persönlich interessieren und aus denen sich ein wunderbares Gespräch entwickeln lässt.

Unsere Aufzählung kann also nur beispielhaft sein, sie bedeutet keinen abschließenden Themenkatalog. Ebenso stellen die Möglichkeiten, wie man in das jeweilige Gespräch einsteigen kann, nur eine Auswahl dar. Denn wir haben ja gezeigt, dass es für Small Talk kein unumstößliches Drehbuch, keinen vorhersehbaren Spielablauf gibt, sondern sich Gespräche aus der Situation ergeben und je nach Anknüpfungspunkt verschieden beginnen können. Natürlich gibt es Themenbereiche, die unter den Gesprächspartnern eine besonders starke subjektive Identifikation provozieren und daher leidenschaftliche und bis ins Persönliche gehende Gespräche, ja Kontroversen hervorrufen können. Dazu gehören insbesondere Politik, Sport, Autos, evtl. auch Reisen und alle Themen, bei denen es um Geschmacksfragen geht (vgl. auch »Meine Meinung, deine Meinung«, S. 133 f.).

Bevor wir zu unserem Beispielskatalog kommen, gestatten Sie uns noch – gewissermaßen vor der Klammer – ein paar allgemeine Bemerkungen, die für jedes einzelne der möglichen Gesprächsthemen gelten.

Small Talk und Allgemeinwissen

Nirgendwo bekommt man mehr Anregungen für Small-Talk-Themen als in der Tageszeitung. Hunderte von Artikeln liefern eine mehr als ausreichende Menge Gesprächsstoff. Man stößt auf Informationen und Bewertungen, wird unterhalten und erfährt Neues aus den verschiedensten Wissensgebieten. Niemand kennt sich in allen Disziplinen aus, aber ein gewisser Stand an Allgemeinwissen darf vorausgesetzt werden. Wenn beispielsweise in den Medien seit Tagen über den Wahlkampf in den USA berichtet wird, sollte man die Namen der Kandidaten schon mal gehört haben und möglichst auch eine gewisse Vorstellung haben, was in den Wahlprogrammen dieser Politiker steht.

Falls man einmal nicht auf dem Laufenden ist, muss einem das aber auch nicht gleich peinlich sein. »Oh, das habe ich noch gar nicht gehört. Erzählen Sie mal ...« Hinterher ist man hoffentlich klüger, und der Gesprächspartner hat sich gefreut, sein Wissen weitergeben zu können.

Doch nicht nur das Wissen um Tagesaktualitäten hilft einem guten Small Talk auf die Sprünge, kann ihm gewissermaßen als Schmieröl dienen. Gutes Allgemeinwissen erweist sich generell als ausgesprochen hilfreicher Gesprächsstoff, und das aus mehreren Gründen. Zum einen kann man bei einem Small Talk mithalten, statt durch Unwissenheit zu glänzen. Es gibt einen Kanon von Grundwissen, der bei durchschnittlicher Schulbildung Allgemeingut ist. Anderenfalls können Peinlichkeiten drohen. Es ist sicherlich kein angenehmes Gefühl, z.B. Winston Churchill für eine Zigarrenmarke zu halten, wenn von dem britischen Premierminister des Zweiten Weltkriegs die Rede ist.

So sehr man auch über Sinn und Unsinn von Allgemeinwissen als stupide Anhäufung von Lexikonwissen streiten mag (fast schon wieder ein neues Einstiegsthema für den Small Talk), so sehr steht auch fest, dass ein gutes Maß an Wissen und Bildung über unsere Kultur einen geschätzten und guten Gesprächspartner ausmacht, ja vielleicht sogar die hohe Kunst des Small Talks erst ermöglicht.

Small Talk und Fachwissen

Jeder von uns hat Lieblingsthemen. Wenn es sich dabei um sehr spezielle Themen handelt, dann sind die Chancen natürlich gering, dass unsere Gesprächspartner im Small Talk nun ausgerechnet diese Interessen und eventuell sogar gewisse Kompetenzen darin mit uns teilen. So wird es umgekehrt aber häufig auch um Themen gehen, über die man selbst wenig bis gar nichts weiß. Dann ist hoffentlich der andere der Kompetentere, denn wenn sich zwei Menschen über Dinge unterhalten, von denen beide keine Ahnung haben, kann dabei in der Regel nichts Sinnvolles herauskommen.

ÜBUNG

Machen Sie sich klar, welches Ihre Lieblingsthemen sind und welche Standpunkte Sie diesbezüglich vertreten. Das gibt Sicherheit, denn in zähen Gesprächssituationen kann man dann jederzeit auf ein gewisses Repertoire zurückgreifen. (Aber bitte nicht zu ausschweifend!)

Wir haben es bereits beim Stichwort Allgemeinwissen angesprochen: Es ist kein Unglück, sich bei einem speziellen Thema einmal nicht auszukennen. Falls Sie sich mit einem Experten unterhalten, wird dieser Ihnen in der Regel gerne einiges über sein Spezialgebiet erzählen. Nun liegt es bei Ihnen zu verhindern, dass dies in einen extrem langweiligen, staubtrockenen Monolog ausartet. Wie Ihnen das gelingt? Stellen Sie die richtigen Fragen! Kitzeln Sie interessante Aspekte aus Ihrem Gegenüber heraus.

Dale Carnegie[7] berichtet in seinem Buch *Wie man Freunde gewinnt* von einem Gespräch, das er mit einem berühmten Botaniker auf einer Dinner-Party führte. Carnegie schreibt, er selbst habe zwar einen winzigen Wintergarten, sich aber ansonsten niemals weiter mit Pflanzenkunde beschäftigt. Und trotzdem langweilte er sich keinen Augenblick, als der Pflanzenexperte ihm von exotischen Blumen, Züchtungsexperimenten, Gewächshäusern und Tomatenanbau erzählte. Carnegie hatte sehr wenig zu diesem Themen beizutragen, weil er ganz einfach nichts darüber wusste. Dennoch bedankt sich der Botaniker am Ende des Abends für das angeregte Gespräch, erfährt der erstaunte Leser. Dabei hatte Carnegie ganz einfach nur aufmerksam zugehört. Was wiederum deshalb gelang, weil sein Interesse aufrichtig war.

Meine Meinung, deine Meinung

Wir können es gar nicht deutlich genug hervorheben: Menschen sind verschieden! Was für den einen richtig ist, muss für den anderen noch lange nicht gelten. Es hilft, sich diese simple Weisheit immer wieder ins Gedächtnis zu rufen. Der eine interessiert sich für dieses, der andere für jenes. Herr X wählt CDU, Frau Y SPD. Je nach Temperament erklären sie auch gerne mehr oder weniger lautstark und überzeugend, was für die eine oder gegen die andere Partei spricht. Warum nicht? Menschen, die sich vorsichtig erkundigen, was der Gesprächspartner mag, und das dann auch ausgerechnet *gaaanz* toll finden, sind eigentlich ein bisschen langweilig. Entscheidend ist nur, *wie* man seine Meinung präsentiert. Ist es die allein selig machende? Sind alle, die anders denken, blöd? Oder ist man tolerant genug, einzusehen, dass verschiedene Sichtweisen nebeneinander existieren können?

Angenommen, Ihre Gesprächspartnerin kommt gerade aus Paris zurück. Möglicherweise ist das genau die Stadt in Europa, die Sie selbst überhaupt nicht mögen. Das müssen Sie aber doch nicht gleich hinausposaunen. Fragen Sie die Dame zunächst ganz einfach, wie es ihr gefallen hat. Vielleicht schwärmt sie stundenlang von den freundlichen Franzosen, fantastischen Museen, guten Restaurants, imposanten Bauwerken und der einzigartigen Atmosphäre. Haken Sie ruhig nach. Welches Museum hat ihr am besten gefallen? Wo kann man gut essen? Was mag sie an der französischen Mentalität besonders? Vielleicht bekommen Sie sogar Lust, selbst noch einmal in die französische Hauptstadt zu fahren. Dass Sie sich bei Ihren bisherigen Aufenthalten in Paris nie besonders wohlgefühlt haben, sollten Sie ruhig erzählen. Aus den unterschiedlichen Perspektiven kann sich ein angeregtes Gespräch entwickeln. Allerdings nur dann, wenn Sie andere Standpunkte respektieren. Man muss in Small Talks nicht über alles und jeden einer Meinung sein. Wer seine abweichende Position mit Sympathie und Intelligenz vertritt, sammelt in jedem Fall Pluspunkte, denn viele andere werden sehr schnell ungeduldig und ungemütlich, wenn man sie mit anderen Meinungen konfrontiert.

ÜBUNG

Und was sagen Sie, wenn jemand Sie mit Paris-Erlebnissen konfrontiert? Wo fragen Sie nach?

Als toleranter Small Talker zeigt man besser für vieles Verständnis, auch wenn es den eigenen Vorstellungen widerspricht. Nur rassistischen oder anderen radikalen Thesen wird man ganz entschieden entgegentreten. Irgendwo hat auch im Small Talk die Liebe zur Harmonie ihre Grenzen.

Die Themen: Womit Sie unter Garantie ins Gespräch kommen

Sie haben Ihren Gesprächspartner soeben kennen gelernt oder wiedergetroffen, den Anknüpfungspunkt zu einem Small Talk gefunden und mit einem Statement eröffnet. Nun starten Sie die erste Frage …

Lesen Sie unsere Themen- und Fragenpalette, die Ihnen wunderbare Small-Talk-Einstiege und Small-Talk-Fortsetzungen bereitet. Jeweils am Anfang präsentieren wir zusätzlich meist ein kurzes Anknüpfungsstatement, um dann eine Frage nachzuschieben:

Sagen Sie bitte, Sie sind doch eben gerade erst gekommen.
(Anknüpfungspunkt, Statement, situationsbezogen, Ihr Gegenüber betreffend)
Ist es immer noch so heiß/schwül/neblig/kalt etc. draußen …?
(Frage, situationsbezogen, aber auch schon etwas befindlichkeitsbezogen, fast neutral)

Ausgerechnet mit dem banalen Thema *Wetter* eröffnen die hier ihre Themenliste und Fragenpalette, mögen Sie jetzt denken und sich – gelinde gesagt – wundern. Nun, nur wenige Themen eignen sich so wie das Wetter für einen Gesprächs-Kaltstart. Nicht alle Themen können Sie so wie das Universalthema Wetter direkt nach der Begrüßung ansprechen, und nicht jedes Thema passt in jede Situation. Da gilt es, Fingerspitzengefühl zu entwickeln und sich dabei von unserer reichen Beispielauswahl anregen zu lassen. Die über 300 aufgeführten Einstiegsfragen sind meist Einstiegsfragen ins Thema, denen ein paar situationsbezogene Sätze vorausgegangen sein sollten. Wenn Sie aber einmal bewusst beobachten, wie manche Menschen einfach »aus der Luft gegriffen« ein Thema vorgeben, ohne sich allzu viel Mühe mit den entsprechenden Einleitungssätzen zu machen, und damit erfolgreich einen Gesprächskontakt etablieren, wird auch Ihre Bereitschaft wachsen, sich mit unseren Themenvorschlägen und Ihren eigenen Ideen sehr direkt an Ihr sympathisches Gegenüber zu wenden und einfach anzufangen.

21 Darüber spricht man (nicht)

Aber jetzt erst einmal zu einem Thema, das alle betrifft und mit dem sich die meisten doch recht gut auskennen.

Das Wetter

Es muss einem absolut nicht peinlich sein, übers Wetter zu reden. Als Einstiegsthema, um das Eis zu brechen, ist das Wetter unschlagbar, insbesondere dann, wenn es gerade wunderschön oder aber grottenschlecht – weil kalt, regnerisch und düstergrau – ist. Bedenklich wird es erst, wenn man auch nach zehn Minuten noch bei keinem anderen Thema gelandet ist, denn ob es vor vier Wochen freitags geregnet hat oder vielleicht auch nicht, das ist dann doch nicht sooo interessant.

Mögliche Einstiegsstatements und Fragen verbunden mit diesem Thema wären beispielsweise:

1. War das nicht gestern ein tolles Wetter! Über 30 Grad! Was haben Sie gemacht?
2. Ist das nicht ein unglaublich schöner Sommerabend? Hätten Sie das nach dem Wetter in den letzten Tagen zu hoffen gewagt, dass es ausgerechnet zu Petras Gartenparty so schön sein würde?
3. Hatten wir nicht zu Ostern/Pfingsten ein prima Wetter/Sauwetter! Was haben Sie über die Feiertage gemacht?
4. Was meinen Sie, werden wir dieses Jahr mal wieder weiße Weihnachten erleben? Treiben Sie eigentlich Wintersport?
5. Uff, diese Schwüle! Mir macht das Wetter heute unheimlich viel zu schaffen. Wie geht es Ihnen damit?
6. Ist das nicht eine Affenhitze/Bärenkälte heute? Da möchte man gar nicht raus. Ich bin ziemlich empfindlich, mir macht das eine Menge Probleme. Sie scheinen damit ja keine Probleme zu haben ...
7. Ich möchte bloß wissen, wer für dieses Wetter verantwortlich ist? Das ist ja kaum auszuhalten, diese ... Hitze/Schwüle/Kälte (der viele Schnee, dieses Matschwetter) ... Ihnen macht das keine Probleme?
8. Wow, Sie sind so beneidenswert braun. Wo gab es denn so viel Sonnenschein? Ich glaube, Sie waren nicht hier in Hamburg in den letzten Wochen, oder?
9. Sie fahren im Januar nach Toronto? Mit welchen Temperaturen rechnen Sie denn zu der Zeit in Kanada?
10. Haben Sie schon aus dem Fenster geschaut? Wollen Sie jetzt wirklich losgehen? Soll/darf ich Ihnen meinen Schirm leihen?

Alle hier und im Folgenden aufgeführten Vorschläge sind leicht umzuformulieren und so auf eine Ihnen gemäße Situation anzupassen.

ÜBUNG

Lesen Sie die folgenden Fragen nicht einfach durch, sondern beantworten Sie sie für sich beim Lesen. Das nimmt den Respekt vor ungewohnten Themen.

Politik

Vorsicht ist angezeigt. Das andere Extrem, und fast genauso unbeständig wie das Wetter, nahezu unberechenbar, für jede Überraschung gut, ist das Thema Politik.

Natürlich gibt es kaum ein Themenfeld, das so viel Gesprächstoff liefert. Vermutlich fällt Ihnen zu Politikern, Parteien und ihren Programmen auf Anhieb einiges ein. Falls nicht, schlagen Sie einfach Ihre Tageszeitung auf. Dort bekommen Sie unzählige Anregungen für Small Talks zum Thema Politik. Sie haben die freie Wahl. Worüber wollen Sie reden? Interessieren Sie (und Ihren Gesprächspartner) Bildung, Umweltschutz, Gesundheit, Steuern, Ausländer, Rente, Kultur, Verkehr, Verbraucherschutz, Außenpolitik oder Justiz? Doch zurück zu unserer einleitenden Bemerkung »Vorsicht ist angesagt«. Eine unüberlegter Satz zum einen oder anderen politischen Thema, ein exponierter Standpunkt, und man bringt sich in höchste Schwierigkeiten.

Es gibt politische Themen, bei denen die Öffentlichkeit, aber auch Gesprächspartner im Small Talk sehr genau hinhören, was gesagt wird. Wer auf einer Party etwas Unüberlegtes zu einem sensiblen politischen Thema sagt, wird mit seiner Äußerung am nächsten Tag vielleicht zur Persona non grata für sein Gegenüber geworden sein. Vier Glas Wein und das Thema Politik: Schneller kann man sich gar nicht um Kopf und Kragen reden.

Wer bereit ist, die Konsequenzen zu tragen, kann sich politisch so explizit äußern, wie er will. Sie haben es im Laufe des Buches gemerkt: Wir treten für selbstbewusste Kommunikation ein. Aber wenn es um Politik geht, gilt manchmal: Reden ist Silber, Schweigen ist Gold. Diplomatie ist gefragt. Anhänger der CSU können den politischen Positionen der PDS-Sympathisanten nur wenig abgewinnen, und das gilt auch umgekehrt. Im Freundeskreis kann ein kontroverser Small Talk über Politik zwischendurch einmal ganz belebend sein. Schließlich ist es langweilig, wenn sich alle über alles einig sind. Gegenüber Menschen, die man kaum oder gar nicht kennt und mit denen man womöglich später einmal Geschäfte machen möchte, wird man sich lieber etwas vorsichtiger äußern. Oder man hält sich ganz zurück. Eine großartige Möglichkeit, sich aus der Affäre zu ziehen, ist der folgende Satz: »Dazu *kann* ich gar nicht so viel sagen, weil ich nicht genug darüber weiß!« »Ich *kann* nichts dazu sagen« ist nicht so schnippisch wie »Dazu *will* ich nichts sagen«.

Wobei die Begründung, nicht genug über Politik zu wissen, meist noch nicht einmal aus der Luft gegriffen ist. Kennen Sie viele Politiker persönlich? Waren Sie dabei, als Minister XY ein Statement abgab? Kennen Sie die Parteiprogramme genau? Informationen über Politik, Politiker und politisch bedeutende Ereignisse beziehen wir aus den Medien. Wenn wir ehrlich sind, dann ist es oft genug gar nicht so sehr unsere persönliche Einschätzung, die wir bei politischen Themen weitergeben, sondern das, was wir gestern in der Zeitung gelesen haben.

Auch wenn politische Themen im Small Talk heikel sein können, mit der gebotenen Weitsicht und Diplomatie ergeben sich schnell interessante Diskussionen. Die Tagesaktualität bietet immer Anknüpfungspunkte, zu denen nahezu jeder eine Meinung hat. Und ob und wie der andere Fragen beantwortet, verrät einiges über ihn. Hier einige Fragevorschläge für eine Situation, in der es auf irgendeine Weise um Politik geht:

1. Ich finde es jedes Mal spannend, wie die Parteien für sich versuchen, Großplakat-Werbung zu machen. Haben Sie schon die Plakate für den Kandidaten XY gesehen?
2. Wie fanden Sie den Auftritt des Außenministers in der Talkshow gestern Abend?
3. Was sagen Sie zu den Rentenplänen der Bundesregierung?
4. Wie, glauben Sie, kann man die Arbeitslosigkeit am besten bekämpfen?
5. Finden Sie, der Rücktritt des Ministers war überfällig, oder hätte er im Amt bleiben sollen?
6. Glauben Sie, wir haben den richtigen Bundeskanzler?
7. Wer ist Ihnen von den Ministern im neuen Kabinett am sympathischsten?
8. Würde es Sie reizen, in die Politik zu gehen?
9. Denken Sie, es macht für unser Land einen großen Unterschied, welche Partei die Regierung stellt?

10. Glauben Sie, dass die PDS bei der nächsten Bundestagswahl wieder ins Parlament kommen wird?
11. Und was sagen Sie zu dieser Opposition?

Persönlichkeiten

Auch wenn nicht jeder zu den Lesern so genannter People-Magazine wie *Bunte* oder *Gala* gehört, so ist doch bei vielen Menschen (und sicherlich auch bei Ihnen) ein Interesse an Prominenten oder Persönlichkeiten vorhanden, die Gegenstand des öffentlichen Gesprächs sind, sei es in Politik, Sport, Wirtschaft, Film, Fernsehen oder wo auch immer.

Warum schauen wir uns so gerne Talkshows an? Sehr wahrscheinlich deswegen, weil uns die Akteure interessieren. Man geht ja häufig auch deswegen zu Veranstaltungen, zu Vorträgen, Konzerten usw., um die dort auftretenden Persönlichkeiten zu erleben. Sie werden wenige Themenbereiche finden, die sich besser eignen, um einen Small Talk zu führen.

Einstiegsfragen:

1. Welche Person aus Politik, Wissenschaft, Kunst, Kultur bewundern Sie am meisten? Aus welchen Gründen?
2. Was meinen Sie, wer hat unsere Zeit besonders geprägt?
3. Haben Sie ein Vorbild/verschiedene Vorbilder?
4. Gibt es eine bekannte Persönlichkeit, die Sie gerne einmal persönlich kennen lernen möchten? Was würden Sie mit diesem Menschen besprechen/unternehmen wollen?
5. Sind Sie schon einmal einer berühmten Person hautnah begegnet? Waren Sie angenehm überrascht oder eher doch enttäuscht? Warum?
6. Mit wem möchten Sie auf einer einsamen Insel gestrandet sein?
7. Was denken Sie, worüber würden Sie reden, wenn während eines Abendessens Bill Clinton (Helmut Kohl, Gerhard Schröder, XYZ) Ihr Tischnachbar wäre?
8. Haben Sie schon einmal jemanden um ein Autogramm gebeten?
9. Lesen Sie gerne Autobiografien? Welche hat Sie besonders beeindruckt?

Beruf und Karriere

Wenn man jemanden neu kennen lernt, dann fällt früher oder später garantiert die Frage: »Was machen Sie beruflich?« Der eine gibt gerne Auskunft, weil er seinen Beruf über alles liebt und vielleicht gerne stundenlang über seine Erfolge spricht. Der Nächste fürchtet sich beinahe vor dieser Frage, denn er arbeitet vor allem, weil er Geld zum Leben und für sein Hobby braucht. Besonders stolz ist er nicht auf seinen Job. Vielleicht sollte man als umsichtiger Small Talker deshalb die Ausgangsfrage schon gleich anders formulieren: »Was steht für Sie im Mittelpunkt, Ihre Arbeit oder Ihre Freizeit?«, oder: »Leben Sie, um zu arbeiten, oder arbeiten Sie, um zu leben?«

Gleichgültig, was Sie beruflich machen: Wichtig ist, dass Sie in den Vordergrund stellen, was Sie an Ihrer Arbeit lieben. Weil der Job nun einmal ein wichtiger Teil des Lebens ist, präsentieren Sie sich denkbar ungeschickt, wenn Sie nur herumjammern, wie furchtbar es bei Ihnen am Arbeitsplatz zugeht.

Einstiegsfragen:

1. Ich könnte mir vorstellen, Sie sind mit Ihrer Arbeit ganz zufrieden. Arbeiten Sie in Ihrem Traumberuf oder hätten Sie lieber einen ganz anderen Job?
2. Welcher Karrieretyp sind Sie? Haben Sie konkrete Vorstellungen, wo Sie in fünf Jahren beruflich stehen wollen, oder lassen Sie einfach alles auf sich zukommen?
3. Wo haben Sie studiert/Ihre Ausbildung gemacht?
4. Würden Sie heute noch mal dasselbe studieren/die gleiche Ausbildung machen?
5. Was waren Ihre Studienschwerpunkte? Worüber haben Sie promoviert/gearbeitet/geforscht?
6. Haben Sie immer schon in diesem Bereich gearbeitet?
7. Sind Ihre Kollegen nett?
8. Sind Sie mit Ihrem Verdienst zufrieden?
9. Würden Sie bei einem tollen Jobangebot ohne zu zögern in eine andere Stadt gehen?
10. Haben Sie schon im Ausland gearbeitet?
11. Was schätzen Sie, wie viele Stunden in der Woche arbeiten Sie?
12. Könnten Sie sich vorstellen, freiberuflich zu arbeiten?
13. Wie haben Sie Ihren letzten Job gefunden? (Zeitung/Internet/über Bekannte)

14. Wie schaffen Sie es, immer über die aktuellen Entwicklungen in Ihrem Fachgebiet informiert zu sein?
15. Sind Sie schon lange in dieser Firma tätig?
16. Ich sehe, Sie sind für die Firma XY auf diesem Kongress. Man spricht ja von einem bemerkenswerten Produkt, das sie auf den Markt gebracht haben. Läuft der Verkauf erwartungsgemäß?
17. Sie sind unser neuer Trainee? Für welchen Unternehmensbereich würden Sie sich denn später gern einmal entscheiden?

Wirtschaft

Da in den meisten Fällen die persönliche und berufliche Zukunft direkt von der wirtschaftlichen Entwicklung abhängt, interessiert sich fast jeder für das Thema Wirtschaft. Falls Sie ganz aktuell Anregungen für Fragen zur Wirtschaft suchen, werfen Sie einfach einen Blick in den Wirtschaftsteil Ihrer Tageszeitung.

Einstiegsfragen:

1. Gestern wurden wieder die offiziellen Arbeitslosenzahlen bekannt gegeben. Sind Sie optimistisch, dass die Arbeitslosenzahlen in nächster Zeit spürbar sinken werden?
2. Was meinen Sie, wie man am besten neue Arbeitsplätze schaffen könnte?
3. Haben Sie Hoffnung, dass die Bauwirtschaft in den nächsten Jahren wieder belebt werden kann?
4. Denken Sie, die Steuerpolitik der Bundesregierung wird der Wirtschaft die richtigen Impulse geben?
5. Auf welchem Stand sehen Sie den DAX in fünf Jahren?
6. Glauben Sie, dass sich der E-Commerce in den nächsten Jahren durchsetzen wird?
7. Welche Entwicklung sehen Sie für den Einzelhandel voraus?
8. Hätten Sie diesen dramatischen Absturz des Neuen Marktes erwartet?
9. Welchen deutschen Manager bewundern Sie besonders?
10. Was sind Ihrer Ansicht nach Berufe mit Zukunft?
11. Haben Sie persönlich Angst um Ihren Arbeitsplatz?
12. Wie viel Einfluss, glauben Sie, hat die Lage auf dem Weltmarkt auf die deutsche Wirtschaft?

13. Was denken Sie, wie sich die Ölpreise in den nächsten Jahren entwickeln werden?
14. Welche Zukunft sehen Sie für die Tourismusindustrie?
15. Sehen Sie eine Chance, dass man die Kosten fürs Gesundheitswesen in den Griff bekommen wird?
16. Glauben Sie, wir haben den richtigen Wirtschaftsminister?

Geld

Allein schon die Erörterung der Frage, ob man über Geld sprechen darf, kann abendfüllend sein. Sie kennen den Spruch, von dem wir diese Frage abgeleitet haben: »Über Geld spricht man nicht.« Besonders hübsch ist dann der Nachsatz: »Man hat es!« Je nachdem, wen man mit dieser Weisheit beglückt und mit welchem Unterton man sie zum Besten gibt, gelingt es einem innerhalb weniger Sekunden, als arrogant dazustehen. Nun mag es zwar Situationen geben, in denen Sie deutliche Signale setzen wollen, in der Regel aber möchte man doch lieber Sympathien als Antipathien wecken.

Spricht man also doch über Geld? Je jünger die Gesprächspartner sind, desto eher wird auch über Geld gesprochen, und wenn Sie den anderen schon länger kennen, dürfen Sie schon mal eine konkretere Frage zum Thema Geld stellen. Natürlich können Sie selbst über Ihre persönliche finanzielle Situation so viel preisgeben, wie Sie wollen. Besonders geschickt ist das in der Regel allerdings nicht. Alles, was Sie sagen, hinterlässt einen bleibenden Eindruck beim Gesprächspartner. Sehr schnell haftet einem das Image des Angebers an, oder man gilt als Geizhals. Mit anderen Worten: Sie wecken Neid oder Mitleid. Beides keine erstrebenswerten Ziele.

Einstiegsfragen:

1. Apropos Geld ... eigentlich spricht man ja darüber nicht, aber was sagen Sie denn zu der Verteuerung von Verkehrsmitteln/Benzin/Parkgebühren etc.?
2. Ich weiß nicht, wie es mir immer wieder passieren kann, ich glaube, ich verliere ständig Geld. Der Monat ist knapp zur Hälfte erst um, mein Portmonee ist so was von leer, mein Dispo ist ausgeschöpft, wie geht es Ihnen damit?
3. Kennen Sie sich mit Finanzfragen und Geldangelegenheiten gut aus? Sie

wirken auf mich so, als wenn Sie darin sehr kompetent sind. Haben Sie einen Anlageberater oder planen Sie Ihre Finanzen selbst?
4. Wie sind Sie mit dem Service Ihrer Bank zufrieden?
5. Was halten Sie von Investmentfonds?
6. Hat Sie der Kursverfall/-anstieg an den Börsen überrascht?
7. Was denken Sie, ist es besser, sein Geld in Pfandbriefe als in Aktien anzulegen?
8. Zu welchen Aktien würden Sie mir raten? Wo sehen Sie die Wachstumsmärkte der Zukunft?
9. Was halten Sie von Immobilien als Geldanlage?
10. Welche Anlageform empfehlen Sie zur Altersvorsorge?

Einkaufen

Die eine jettet zum Shopping um die halbe Welt; der andere ist froh, wenn er keinen Laden betreten muss. Doch irgendwann kauft jeder mal etwas ein. Aber was, wo und warum?

Einstiegsfragen:
1. Die Schlange im XY-Supermarkt war riesig, als ich heute einkaufen wollte. Was sagen Sie zu dem Trend, dass immer mehr Deutsche ihre Lebensmittel beim Discounter einkaufen?
2. Das Olivenöl von Aldi soll sehr gut sein. Haben Sie da Erfahrung?
3. Kaufen Sie jeden Tag die Lebensmittel, die Sie gerade brauchen, oder fahren Sie einmal in der Woche in den Supermarkt?
4. Wie stehen Sie zu Markenartikeln? Glauben Sie, die Qualität ist besser, oder finden Sie No-Name-Produkte mindestens genauso gut?
5. Kaufen Sie gelegentlich auch schon mal im Bioladen?
6. Lassen Sie sich von Sonderangeboten verführen? Kommt es vor, dass Sie zehn Pakete Kaffee kaufen, wenn der gerade besonders preiswert ist?
7. Macht Ihnen Einkaufen Spaß, oder sind Sie froh, wenn Sie wieder draußen sind aus den Geschäften?
8. Welche Supermarktkette bevorzugen Sie?
9. Wo kaufen Sie am liebsten Ihre Kleidung?
10. Finden Sie, die Ladenöffnungszeiten sollten liberalisiert werden?
11. Nutzen Sie nach dem Wegfall des Rabattgesetzes oft die Chance, beim Einkaufen bessere Preise auszuhandeln?

Wohnen

Das Thema »Wohnen« ist garantiert eines der universellsten Small-Talk-Themen. Jeder kann sich dazu äußern. Besonders in den Großstädten ist immer gerade jemand im Bekanntenkreis umgezogen oder sucht eine Wohnung. Wobei jeder andere Prioritäten bei der Wahl der Wohnung setzt. Gespräche übers Wohnen werden also bestimmt nicht langweilig. Außerdem lernt man sein Gegenüber bei diesem Thema ziemlich schnell und recht gut kennen.

Einstiegsfragen:

1. Lassen Sie mich raten, in welchem Stadtteil Sie wohnen? Ich komm nicht drauf. Verraten Sie's mir?
2. Sind Sie zufrieden mit Ihrer Wohnung oder möchten Sie bald umziehen?
3. Gibt es gute Einkaufsmöglichkeiten in der Nähe Ihrer Wohnung?
4. Wie beurteilen Sie die Lage auf dem Wohnungsmarkt? Glauben Sie, dass man im Moment recht gut eine Wohnung findet?
5. Was meinen Sie, in welcher Zeitung findet man die besten Wohnungsanzeigen?
6. Welche Erfahrungen haben Sie mit Maklern gemacht?
7. Sind Sie mit Ihrer Hausverwaltung zufrieden?
8. Mussten Sie viel renovieren, bevor Sie einziehen konnten?
9. Wie sind Ihre Nachbarn? Machen die oft Lärm?
10. Suchen Sie die neue Wohnung in einer bestimmten Gegend oder sind Sie da ganz flexibel, solange die Wohnung Ihnen nur gut genug gefällt?
11. Sie kommen aus München? Stimmt es, was man über die hohen Mieten hört, oder wird da auch etwas übertrieben?
12. Brauchen Sie Theater, Kinos, Kneipen, Geschäfte gleich um die Ecke, oder wohnen Sie lieber ruhig im Grünen?
13. Ziehen Sie häufig um?
14. Haben Sie schon einmal in einer Wohngemeinschaft gelebt?
15. Wohnen Sie schon immer hier in Mannheim oder haben Sie auch bereits in anderen Städten gewohnt?
16. Wo würden Sie am liebsten leben, wenn Sie die freie Wahl hätten?
17. Wie viel Miete bezahlen Sie für Ihre Wohnung? Wie viele Quadratmeter hat Ihre Wohnung? (Manche Gesprächspartner werden diese Fragen zu neugierig finden, aber man kann ja mal fragen …)
18. Wohnen Sie im eigenen Haus/in der eigenen Wohnung?

19. Wir überlegen, ob wir uns eine Eigentumswohnung oder ein Haus kaufen sollen. Welche Argumente fallen Ihnen für oder gegen die eine oder andere Variante ein?
20. Haben Sie Ihr Haus neu gebaut oder vom Vorbesitzer übernommen?
21. Wie lange haben Sie gesucht, bis Sie Ihr Traumhaus gefunden hatten?
22. Würden Sie gerne auf dem Land leben, wenn Sie dort Ihren Beruf ausüben könnten?
23. Sind Sie so flexibel, dass Sie für einen interessanten Job so ziemlich in jede Stadt gehen würden?

Persönliches und zwischenmenschliche Beziehungen

Manche der folgenden Fragen setzen ein gewisses Maß an Sympathie und Vertrauen voraus. Dies sind nicht unbedingt Themen, über die man sich mit jedem unterhalten möchte. Aber wenn es dann zum Gegenüber und in den Kontext passt, gibt es kaum spannenderen Gesprächsstoff.

Wenn man auf Menschen trifft, die Erfahrung, Reife, Klugheit und Kompetenz in Beziehungsangelegenheiten ausstrahlen, kann man solche Fragen durchaus stellen. Man tauscht Ansichten und Erfahrungen aus, bekommt vielleicht wichtige Denkanstöße.

Aber noch einmal: Mit manchen Leuten und in vielen Situationen unterhält man sich doch lieber über unverbindlichere Dinge, z.B. »Ob es wohl einen kalten Winter/einen schönen warmen Sommer geben wird?«

Einstiegsfragen:

1. Sie wirken auf mich nicht wie ein Einzelkind. Wie viele Geschwister haben Sie? Haben Sie auch noch heute engen Kontakt zu Ihren Geschwistern?
2. Wenn Sie zurückblicken: Denken Sie, dass Sie eine glückliche Kindheit hatten?
3. Sind Sie gern zur Schule gegangen?
4. Womit haben Sie als Kind am liebsten gespielt?
5. Haben Sie noch Eltern? Wie oft sehen Sie sich?
6. Wo sind Sie aufgewachsen? Könnten Sie sich vorstellen, dort wieder zu leben?
7. Was denken Sie, welcher Grundsatz in Partnerschaften eher gilt: »Gegensätze ziehen sich an« oder »Gleich und Gleich gesellt sich gern«?

8. Wie stehen Sie zu der Frage, ob Paare möglichst vieles gemeinsam unternehmen sollten oder ob jeder Partner einen besonders großen Freiraum braucht?
9. Glauben Sie, dass Menschenkenntnis angeboren ist oder dass man sie im Laufe der Jahre entwickelt?
10. Denken Sie, dass jeder Mensch eitel ist?
11. Wie viele wirklich gute Freunde haben Sie, auf die Sie sich in jeder Situation verlassen können?
12. Kennen Sie die meisten Ihrer Freunde schon sehr lange?
13. Was tun Sie dafür, um Freundschaften zu erhalten?
14. Was halten Sie von der weit verbreiteten Auffassung, dass man ab einem bestimmten Alter nur noch schwer neue gute Freunde gewinnt?
15. Glauben Sie, dass die meisten Menschen aus ihren Fehlern lernen?
16. Was, denken Sie, ist das Erfolgsrezept für eine glückliche Beziehung?
17. Welches Ereignis würden Sie ganz spontan als wichtigstes in Ihrem Leben bezeichnen?
18. Wann waren Sie zuletzt richtig glücklich? Was war der Grund dafür?
19. Was denken Sie: Hat man als Einzelner einen großen Entscheidungsspielraum oder muss man die Dinge nehmen, wie sie kommen?
20. Was meinen Sie zu dem Satz: »Jeder ist seines Glückes Schmied«?

Fragen für Mutige und Provokateure

Wenn Sie Small Talks bisher langweilig fanden, kann das an Ihren Fragen gelegen haben. Die folgenden Einstiegsfragen, zu denen wir uns von Gregory Stocks[8] *The Book of Questions* inspirieren ließen, werden Ihre Gesprächspartner garantiert nicht zum Gähnen bringen. Wahrscheinlicher ist, dass sie ihnen die Sprache verschlagen. Testen Sie die Fragen am besten zunächst einmal an sich selbst. Auf viele Fragen wird es Ihnen schwer fallen, eine schnelle Antwort zu finden. Mit anderen Fragen würden Sie sich vermutlich am liebsten gar nicht auseinandersetzen, weil sie dazu zwingen, über Dinge nachzudenken, die man gerne verdrängt.

Hier einige Vorschläge:

1. Darf ich Sie mal ganz spontan etwas fragen? Was sind für Sie die Hauptworte des Lebens?
2. Was würden Sie machen, wenn …

3. Zugegeben, etwas seltsam, aber stellen Sie sich vor, ich wäre eine Fee/ ein Zauberer, und Sie hätten jetzt drei Wünsche frei. Nur – Sie müssten sich ganz schnell, ganz spontan entscheiden. Was würden Sie sich wünschen?
4. Sie sehen eigentlich ganz glücklich, ganz zufrieden aus. Trotzdem wage ich es zu fragen. Haben Sie einen Wunsch, den ich Ihnen eventuell erfüllen könnte?
5. Schrecklich, diese Vorstellung, aber einmal angenommen, Sie müssten heute Abend sterben, würden Sie es bedauern, dass Sie sich mit jemandem nicht ausgesprochen haben?
6. Es stellt sich heraus, dass Ihr einjähriges Kind, das Sie über alles lieben, im Krankenhaus verwechselt wurde und deshalb nicht Ihr eigenes ist. Würden Sie den Fehler korrigieren wollen?
7. Was denken Sie, welches Geschlecht hat es einfacher in unserer Gesellschaft?
8. Wenn Sie nur eines von beiden haben könnten, wofür würden Sie sich entscheiden? Außerordentliche Erfolge im Beruf oder ein ungewöhnlich glückliches Privatleben?
9. Gibt es jemanden, den Sie so sehr beneiden, dass Sie mit ihm tauschen möchten? Wenn ja, wer ist es?
10. Wenn der Mensch, mit dem Sie verlobt sind, nach einem schweren Autounfall querschnittsgelähmt wäre, würden Sie ihn dann immer noch heiraten?
11. Wofür im Leben sind Sie am dankbarsten?
12. Wünschen Sie sich einen Partner, der sowohl intelligenter als auch attraktiver ist als Sie?
13. Glauben Sie, dass Sie Ihr Leben im Wesentlichen selbst bestimmen können?
14. Mit wem würden Sie lieber Tennis spielen? Jemand, der besser oder schlechter ist als Sie?
15. Welches sind Ihre schlechtesten Angewohnheiten? Versuchen Sie regelmäßig, sich diese abzugewöhnen?
16. Wenn Ihre Bekannten bereit wären, Ihnen offen zu sagen, wie sie über Sie denken, würden Sie das hören wollen?
17. Würden Sie gerne Ihr genaues Todesdatum kennen?
18. Wann haben Sie zuletzt weinen müssen?

Sprachen

Wenn Sie die Sprachkenntnisse Ihres Gegenüber loben, freut er sich bestimmt. Und schon haben Sie ein Gebiet angesprochen, über das man sich ausgiebig unterhalten kann.

Einstiegsfragen:

1. Wirklich beeindruckend, Sie sprechen sehr gut Deutsch! Wie lange leben Sie denn schon in Deutschland?
2. Hatten Sie Deutsch in Ihrem Heimatland schon in der Schule oder an der Uni gelernt, oder haben Sie erst hier in München Unterricht genommen?
3. Wie viele Fremdsprachen beherrschen Sie? Welche davon sprechen Sie am liebsten?
4. Sie haben bestimmt schon einmal längere Zeit im Ausland gelebt! Oder wie kommt es, dass Sie so gut Portugiesisch sprechen?
5. Welche Sprachen haben Sie in der Schule gelernt?
6. Sie nehmen Privatunterricht in Französisch: Können Sie mir einen Lehrer empfehlen?
7. Welche Sprache würden Sie gerne noch lernen? Warum?
8. Wie sorgen Sie dafür, dass Ihre Fremdsprachenkenntnisse präsent bleiben?
9. Haben Sie Kontakt zu Muttersprachlern, mit denen Sie sich regelmäßig treffen?
10. Empfangen Sie ausländische Radiostationen? Schauen Sie manchmal CNN/BBC?
11. Lesen Sie Romane gelegentlich auch in der Originalsprache?
12. Haben Sie in der Schule Latein gelernt? War das für Sie lästige Pflicht oder hat es Ihnen Spaß gemacht?
13. Brauchen Sie Ihre Sprachenkenntnisse im Job?
14. Ihre Frau ist Italienerin/Spanierin? Wachsen Ihre Kinder zweisprachig auf?
14. Wie sicher fühlen Sie sich mit Ihren Italienischkenntnissen? Reden Sie frei drauflos, oder sind Sie sehr vorsichtig und basteln lange an Formulierungen, weil Sie keinen Fehler machen möchten?

Reisen

Die meisten Menschen reisen gerne. Und auch wer lieber zu Hause bleibt, hat dafür bestimmt gute Gründe. Wir haben den Eindruck, dass »Reisen« eines der spannendsten Small-Talk-Themen ist, weil man hierbei viel über persönliche Vorlieben sprechen bzw. erfahren kann. Wie sehen Sie das?

Einstiegsfragen

1. Haben Sie eigentlich einen Ort, eine Stadt, die Sie besonders schätzen, oder gar ein Land, in dem Sie sich am liebsten aufhalten?
2. Welches ist Ihre Lieblingsstadt in Deutschland/Europa/Übersee?
3. Haben Sie für die nächsten Monate eine Urlaubsreise geplant? Wohin soll es denn gehen?
4. Waren Sie gerade im Urlaub? Sie sehen so erholt aus!
5. Wohin würden Sie am liebsten fahren, wenn Geld überhaupt keine Rolle spielte?
6. Wie sieht Ihr idealer Urlaubstag aus? Liegen Sie gerne mit einem guten Buch im Strandkorb oder können Sie sich eher für einen Abenteuer-Urlaub begeistern?
7. Bleiben Sie am liebsten an einem Ort oder mögen Sie Rundreisen?
8. Was halten Sie von Gruppenreisen?
9. Was war Ihr bisher schönster Urlaub?
10. Welches Hotel hat Sie auf Ihren Reisen bisher am meisten beeindruckt?
11. Fahren Sie an liebsten mit dem Auto in den Urlaub oder fliegen Sie lieber?
12. Fahren Sie gerne immer wieder an denselben Urlaubsort?
13. Was ist Ihr Lieblingsland? Sprechen Sie die Landessprache?
14. Wie wichtig ist Urlaub für Sie? Sparen Sie lieber an anderer Stelle, damit Sie nicht aufs Reisen verzichten müssen?
15. Treiben Sie Sport im Urlaub?
16. Was hat Sie auf Ihren Reisen besonders beeindruckt?
17. Kaufen Sie Reiseführer? Gibt es einen Verlag, dessen Reisebücher Sie besonders empfehlen können?
18. Fotografieren Sie auf Reisen?
19. Würden Sie gerne eine Zeit lang im Ausland leben? Wenn ja, in welchem Land, wo genau?
20. Gehören Sie zu denjenigen, die für besondere Konzertereignisse um die halbe Welt fliegen?
21. Fahren Sie häufiger mal übers Wochenende ins Umland?

22. Mögen Sie die Alpen oder fahren Sie lieber ans Meer?
23. Kaufen Sie gerne ein im Urlaub? Man hört häufig, dass Menschen auf Reisen bereit sind, mehr Geld auszugeben als zu Hause. Würden Sie das bestätigen?
24. Buchen Sie Hotels am liebsten vorher oder fahren Sie einfach los und entscheiden spontan, wo Sie übernachten?
25. Mit welcher Fluggesellschaft fliegen Sie am liebsten?
26. Welchen Flughafen mögen Sie besonders?
27. Kaufen Sie viel in Duty-Free-Shops?
28. Haben Sie unter den großen Hotelketten eine Favoritin?
29. Worauf achten Sie besonders, wenn Sie ein Hotel auswählen?
30. Gibt es einen Reiseveranstalter, mit dem Sie besonders zufrieden sind?

Autos

Selbst wer nicht Auto fährt, wird zu diesem Thema etwas sagen können. Für Autos spricht vieles. Aber manchem Gesprächspartner werden bei diesem Thema auch Luftverschmutzung oder Lärmbelästigung einfallen. Langweilig müssen Gespräche über Autos jedenfalls nicht verlaufen, so viel steht fest. Es kann für manchen sogar ein sehr leidenschaftliches Thema werden.

Einstiegsfragen:

1. Ist das Ihr Auto da draußen? Herzlichen Glückwunsch! Das ist ja ein richtiger Traumwagen. Fahren Sie den schon lange?
2. Welchen Stellenwert hat Ihr Auto für Sie? Transportmittel, mit dem Sie von A nach B kommen, oder bedeutet es Ihnen mehr?
3. Erinnern Sie sich noch, in welchem Jahr Sie Ihr erstes Auto gekauft haben?
4. Wie viele Jahre fahren Sie Ihre Autos in der Regel?
5. Sind Sie mit dem Service Ihres Vertragshändlers zufrieden?
6. Wenn Geld keine Rolle spielte, welches Auto würden Sie sich dann kaufen?
7. Sind Sie Ihrer Automarke über Jahrzehnte treu geblieben, oder fahren Sie immer wieder andere Fabrikate?
8. Würden Sie sich als leidenschaftlichen Autofahrer bezeichnen?
9. Lassen Sie manchmal Ihr Auto stehen und fahren mit der Bahn?
10. Könnten Sie sich vorstellen, ganz auf Ihr Auto zu verzichten?

11. Rechnen Sie damit, dass die Konzerne in den nächsten Jahren wesentlich sparsamere Modelle auf den Markt bringen werden?
12. Waren Sie schon einmal auf der Internationalen Automobilausstellung in Frankfurt?

Sport

»Treiben Sie Sport?« Interessante Frage, nur sollte sie unbedingt anders formuliert werden. Bei dieser Frage schwingt mit: »Besonders sportlich scheinen Sie nicht zu sein. Deshalb muss ich Sie fragen!« Bei der heutigen Fitness-Begeisterung treiben viele Menschen Sport und erwarten, dass man ihnen das ansieht. Fragen Sie also lieber: »Welchen Sport treiben Sie?« Dann kann Ihr Gegenüber immer noch Churchill zitieren: »Sport ist Mord.«

Einstiegsfragen:

1. Sie wirken auf mich recht sportlich. Sind Sie Mitglied in einem Sportverein?
2. Was halten Sie von Fitness- und Wellnessclubs, die derzeit überall eröffnen?
3. Sind Sie Mitglied in einem dieser Studios? Wie oft trainieren Sie? Wie hoch ist der Monatsbeitrag? Welche Kurse werden angeboten? Sind Ihnen die anderen Mitglieder sympathisch? Haben Sie verschiedene Studios verglichen, bevor Sie sich für eines entschieden haben?
4. Was ist Ihre liebste Sportart?
5. Steht für Sie beim Sport Vergnügen oder Leistung im Vordergrund?
6. Interessieren Sie sich für Fußball? Welches ist Ihre Lieblingsmannschaft?
7. Gehen Sie regelmäßig ins Fußballstadion?
8. Sie sind Fußballer? Erklären Sie mir doch bitte: Was genau ist eine Abseitsfalle?
9. Finden Sie, dass Profisportler zu viel verdienen?
10. Verfolgen Sie Sportereignisse im Fernsehen?
11. Was halten Sie von den Olympischen Spielen?
12. Joggen Sie gerne? Und wie oft, wie lange und wo laufen Sie bevorzugt?
13. Sie spielen Golf? Wie errechnet sich eigentlich das Handicap?
14. Mögen Sie Mannschaftssportarten? Welche?
15. Hätten Sie gerne mehr Zeit für Sport?
16. Sind Sie begeisterter Sportler oder ist es eher das Gefühl, etwas für die Gesundheit tun zu müssen?

Filme

Geht es Ihnen auch so, dass Sie sich an manche Filme, die Sie vor zehn Jahren gesehen haben, noch gerne und genau erinnern, aber kaum noch wissen, worum es in dem Film gestern Abend ging? Wenn Sie am Wochenende ins Kino wollen, sollten Sie sich im nächsten Small Talk nach einem guten aktuellen Film erkundigen.

Einstiegsfragen:

1. Ich habe ja ein tolle Kritik zu diesem Film gelesen/gehört. Was haben Sie denn so gehört, wie ist dieser Film aufgenommen worden?
2. Welches ist Ihr absoluter Lieblingsfilm?
3. Wer ist Ihr(e) Lieblingsschauspieler(in)?
4. Welchen Film haben Sie zuletzt gesehen? Hat er Ihnen gefallen?
5. Wie oft gehen Sie ins Kino?
6. Sehen Sie sich manchmal Filme im Original an?
7. Erinnern Sie sich noch an den ersten Film, den Sie als Kind im Kino gesehen haben?
8. Mögen Sie Action-Filme?
9. Sind Sie mit dem Filmangebot der Fernsehsender zufrieden?
10. Haben Sie in letzter Zeit einen besonders originellen Werbespot im Kino gesehen?
11. In welches Kino gehen Sie am liebsten?
12. Was halten Sie von Multiplex-Kinos?
13. Müssen Sie (auch) in traurigen Filmen manchmal weinen?

Musik

Musik hört jeder gern. Der eine mag Schönberg, der andere Aimée Mann. Manche finden beide gut. Warum soll man auch immer in Schubladen denken? Fragen Sie Ihr Gegenüber doch mal nach seiner/ihrer Lieblingsmusik. Vielleicht bekommen Sie Ideen für Ihren nächsten Konzertbesuch.

Einstiegsfragen:

1. Eine wunderschöne Musik. Mögen Sie die Werke von XYZ auch so sehr oder haben Sie einen anderen Lieblingskomponisten?
2. Wer ist denn Ihr Lieblingskomponist?

3. Gehen Sie öfters in die Oper/ins Konzert?
4. Bevorzugen Sie eher dieses Opernhaus hier?
5. Welche Operninszenierung haben Sie hier zuletzt gesehen?
6. Interessieren Sie sich auch für die nächste Premiere?
7. Waren Sie schon einmal in der Mailänder Scala?
8. Welches war Ihr eindrucksvollstes Opernerlebnis?
9. Was glauben Sie, welcher Radiosender in unserer Stadt spielt die beste Musik?
10. Welches ist Ihre Lieblingsgruppe?
11. Mögen Sie Jazz?
12. Welche CD läuft bei Ihnen zurzeit am häufigsten?
13. Wissen Sie noch, welches Ihre erste Platte war?
14. Gehen Sie häufig in Konzerte? Welches Konzert hat Sie am meisten beeindruckt?
15. Schauen Sie manchmal MTV oder Viva?
16. Gibt es eine Gruppe, die Sie unbedingt einmal live erleben möchten?
17. Sammeln Sie CDs? Was schätzen Sie, wie viele bei Ihnen im Regal stehen?
18. Hören Sie heute noch gelegentlich die Platten, die Sie vor zwanzig Jahren mochten?

Bücher

Bücher erfreuen sich ungebrochener Beliebtheit. Und es sieht ganz so aus, als ließen die Menschen sich das so schnell auch nicht austreiben. Konkurrenz gibt es genug: Internet, Radio, Dutzende von Fernsehkanälen, Kino, Videos, DVDs, CDs, Zeitungen, Zeitschriften. Da müssen Bücher schon einen besonderen Reiz haben. Ist Ihnen schon einmal aufgefallen, wie viele Menschen leidenschaftlich in Buchläden stöbern?

Einstiegsfragen:

1. Ich könnte mich stundenlang in dieser Buchhandlung hier aufhalten und stapelweise Bücher mitnehmen. Ihnen geht es offenbar ähnlich, nicht wahr?
2. Lesen Sie auch so gerne Biografien/Krimis/historische Romane?
3. Welches Buch lesen Sie denn gerade? Können Sie es mir empfehlen?
4. Wie kaufen Sie Ihre Bücher? Über das Internet oder im Buchhandel?

5. Kaufen Sie lieber in der kleinen Buchhandlung in der Nachbarschaft oder bevorzugen Sie große Medienkaufhäuser?
6. Haben Sie einen Lieblingsverlag?
7. Wer ist Ihre Lieblingsautorin, Ihr Lieblingsautor? Haben Sie alles von ihr/ihm gelesen?
8. Schaffen Sie es in der Regel, ein Buch zu Ende zu lesen, oder lesen Sie meist mehrere Bücher gleichzeitig?
9. Wie sehr lassen Sie sich bei der Wahl eines Buchs vom Einband beeinflussen? Wie stehen Sie zu dem Spruch »Never judge a book by its cover«?
10. Haben Sie mal das letzte Buch von z.B. Grass gelesen?
11. Wie schaffen Sie es, noch so viel neben Ihrem Beruf zu lesen?
12. Und wie lange brauchen Sie, um einen Krimi zu Ende zu lesen?
13. Nehmen Sie sich regelmäßig Zeit zum Bücherlesen oder gehören Sie zu denen, die im Grunde nur im Urlaub dazu kommen?
14. Was halten Sie von Buchverfilmungen?
15. Waren Sie schon einmal enttäuscht, wenn Sie ein Buch kannten und dann sahen, was der Regisseur bei der Verfilmung daraus gemacht hat?
16. Man redet von einem Kanon der Literatur, den »man« kennen muss. Haben Sie diese Werke alle gelesen und finden Sie wirklich, dass »man« die alle kennen muss?
17. Welches ist Ihr liebster Roman?
18. Gibt es Bücher, die Sie stark beeinflusst haben?
19. Lassen Sie sich von Buchbesprechungen beim Kauf Ihrer Bücher beeinflussen?
20. Lassen Sie sich durch schlechte Kritiken vom Buchkauf abhalten?
21. Nutzen Sie lieber Bibliotheken oder müssen Sie sich die Bücher kaufen, die Sie haben wollen?
22. Gehören Sie auch zu denjenigen, die eine Buchhandlung nicht betreten können, ohne hinterher schwer bepackt und um einiges ärmer herauszukommen?
23. Gibt es Bücher, die Sie immer wieder lesen?
24. Haben Sie auch den Eindruck, dass Bücher verleihen wie Bücher verschenken ist? Haben Sie jemals ein Buch zurückbekommen, das Sie verliehen hatten?
25. Warten Sie meist, bis Romane als Taschenbuch erscheinen, oder müssen Sie die Bücher lesen, wenn sie brandneu sind?

Zeitungen und Zeitschriften

Das Bekenntnis zu bestimmten Zeitungen ist imageprägend. Achten Sie einmal auf der Straße darauf. Die Dame im eleganten Trenchcoat hat die *FAZ* unter den Arm geklemmt, als handele es sich um eine teure Handtasche. Man sieht, wie stolz sie auf »ihre« Zeitung ist. Was liegt also näher, als einen Small Talk mit folgenden Worten zu eröffnen: »Haben Sie schon den Kommentar zu den Landtagswahlen in Bayern gelesen? Interessante Perspektive, wie ich finde. Was meinen Sie?«

Einstiegsfragen:

1. Ich komme fast gar nicht mehr dazu, meine Zeitung täglich zu lesen. Welche Tageszeitung lesen Sie denn regelmäßig?
2. Welche Seiten lesen Sie zuerst?
3. Woran liegt es, dass Sie lieber die *Morgenpost* als den *Tagesspiegel* lesen?
4. Was denken Sie, welche der Tageszeitungen den besseren Lokalteil hat?
5. Achten Sie beim Zeitunglesen darauf, wer die Artikel geschrieben hat?
6. Lassen Sie sich von Restaurantkritiken animieren, mal neue Lokale auszuprobieren?
7. Sind Sie schon einmal in eine Stadt gereist, nachdem Sie darüber einen euphorischen Reisebericht in der Zeitung gelesen hatten?
8. Gehen Sie noch in Filme, die in den Zeitungen total verrissen wurden?
9. Haben Sie Ihre Tageszeitung abonniert, oder gehen Sie jeden Morgen zum Kiosk?
10. Kaufen Sie täglich ein und dieselbe Zeitung, oder machen Sie es von den Schlagzeilen abhängig, für welches Blatt Sie sich entscheiden?
11. Wie viel Zeit verbringen Sie täglich mit der Zeitungslektüre?
12. Wie gefällt Ihnen die *Frankfurter Allgemeine Sonntagszeitung*?
13. Kaufen Sie regelmäßig Zeitschriften? Sammeln Sie Zeitschriften?
14. Welches ist Ihre Lieblingszeitschrift?
15. Wo kauft man hier in Köln am besten internationale Zeitschriften?
16. Ärgern Sie sich auch, wenn teure Zeitschriften mehr Anzeigen als Artikel enthalten?
17. Wie beurteilen Sie das Layout deutscher Zeitschriften im Vergleich mit englischen Magazinen?

Fernsehen

Der eine sieht schon beim Frühstück fern, beim Nächsten läuft pausenlos MTV im Hintergrund. Manche informieren sich in der Tagesschau, andere schwören auf CNN. Es gibt Phasen, in denen man den Fernseher nur ganz sporadisch einschaltet, um sich einen tollen Film anzuschauen, und dann gibt es auch Abende, an denen man mit der Fernbedienung so lange hin und her zappt, bis man etwas halbwegs Erträgliches entdeckt hat. Und es gibt natürlich auch Menschen, die aus Prinzip keinen Fernseher haben. Um es kurz zu machen: Fernsehen ist ein spannendes Thema.

Einstiegsfragen:

1. Bei uns zu Hause sitzen die Kinder/sitzt mein Mann ständig vor dem Fernseher. Was schätzen Sie, wie viele Stunden sehen Sie in der Woche so in etwa fern?
2. Gehören Sie zu denjenigen, denen die *Tagesschau* heilig ist?
3. Gibt es eine Seifenoper, die Sie auf gar keinen Fall verpassen dürfen?
4. Welche Talkshow sehen Sie am liebsten? Warum gerade diese?
5. Was sehen Sie sich denn gerne so an?
6. Wie sehr stört Sie die Werbung zwischen den Filmen?
7. Schauen Sie sich politische Magazine an?
8. Gibt es einen Sender, den Sie häufiger einschalten als alle anderen?
9. Sind Sie im Großen und Ganzen mit dem Fernsehprogramm zufrieden?
10. Welche Serie haben Sie als Kind am liebsten gesehen?
11. Gibt es bei Ihnen zu Hause manchmal heiße Diskussionen, welches Programm eingeschaltet wird?
12. Würde es Ihnen leicht fallen, mal einen Monat aufs Fernsehen zu verzichten?
13. Finden Sie, dass deutsche Fernsehsender zu sehr versuchen, amerikanische Stationen zu imitieren?
14. Nehmen Sie vieles auf Video auf?
15. Welche Themen kommen Ihrer Ansicht nach im Fernsehen zu kurz?
16. Mögen Sie Dokumentarfilme?
17. Nutzen Sie eine Programmzeitschrift? Welche?
18. Haben Sie eine Ahnung, ob heute Abend etwas Interessantes im Fernsehen läuft?
19. Haben Sie zufällig gestern/neulich die interessante/scheußliche Sendung mit/über XYZ gesehen? Was sagen Sie denn nun dazu?

Radio

Sind Sie passionierter Radiohörer? Läuft bei Ihnen meist ein und derselbe Sender? Schneiden Sie das Thema Radio doch einfach mal auf der nächsten Party an! Vielleicht bekommen Sie Anregungen, welche Programme sonst noch hörenswert sind.

Einstiegsfragen:

1. Am meisten, glaube ich, wird wohl beim Autofahren Radio gehört. Können Sie auch einen Stau besser ertragen, wenn es etwas Interessantes in Ihrem Radio gibt?
2. Welches ist denn Ihr Lieblingssender?
3. Hören Sie eher private oder öffentlich-rechtliche Programme?
4. Mögen Sie eigentlich Hörspiele?
5. Es gibt hier so einen wunderbaren Jazz-Sender. Können Sie mir bitte noch einmal seinen Namen und die Frequenz sagen?
6. Was halten Sie von reinen Nachrichtenkanälen?
7. Bedauern Sie auch, dass kürzlich wieder ein Nachrichtenkanal seinen Betrieb eingestellt hat?
8. Gibt es einen Sender, der Ihren Musikgeschmack ziemlich genau trifft?
9. Sind Sie auch manchmal genervt, was die blöden Kommentare der Moderatoren angeht?
10. Wie finden Sie Gewinnspiele im Radio? Haben Sie dort jemals angerufen?
11. Hören Sie im Auto eher Radio oder CDs?
12. Können Sie mir einen Sender empfehlen, in dem wenig Werbung läuft?
13. Ich höre ja ganz gerne die Sender mit den Oldieprogrammen. Mögen Sie die auch?

Computer und Internet

Was sagen Sie: Ist es faszinierend, sich über Festplattengrößen und Arbeitsspeichererweiterungen zu unterhalten? Sicherlich sind Computer eher ein Thema, wenn man Unterstützung beim Kauf von oder im Umgang mit Rechnern braucht. Aber auch solche Anregungen sind ja durchaus wichtige Small-Talk-Ziele. Spannender wird es dann schon, wenn man sich über das World Wide Web unterhält. Musste man vor Jahren noch tagelang von einer Bibliothek zur nächsten rennen, wenn man Informationen suchte, erledigt man das heute bequem von Schreibtisch aus.

Einstiegsfragen:

1. Ich kann mir ein Arbeitsleben ohne Computer irgendwie überhaupt nicht vorstellen. Wie geht es Ihnen?
2. Arbeiten Sie mit Windows oder Macintosh?
3. Spielt es für Sie beim Kauf eines neuen Rechners eine Rolle, wie das Gerät aussieht?
4. Was denken Sie, in welchen Abständen sollte man sich einen neuen Computer kaufen?
5. Kennen Sie einen Computerhändler mit gutem Service?
6. Wie finden Sie es, dass Computer immer häufiger auch von Lebensmittel-Discountern zu Superschnäppchenpreisen angeboten werden?
7. Sind Sie neugierig, was die Möglichkeiten Ihrer Computerprogramme angeht, oder begnügen Sie sich lieber mit den Teilen des Programms, die Sie für Ihre tägliche Arbeit brauchen?
8. Erinnern Sie sich noch, wann Sie Ihren ersten Computer gekauft haben?
9. Haben Sie eine Idee, wo man am günstigsten Patronen für den Drucker kauft?
10. Wie intensiv nutzen Sie das Internet?
11. Lesen Sie die Online-Ausgaben der Tageszeitungen?
12. Kaufen Sie öfters übers Netz ein? Welche Erfahrungen haben Sie dabei gemacht?
13. Haben Sie schon einmal eine Reise im Internet gebucht?
14. Wer ist Ihr Internet-Provider? Sind Sie zufrieden mit ihm?
15. Wie oft fragen Sie Ihre E-Mails ab? Beantworten Sie Mails immer sofort?
16. Welche Suchmaschine bevorzugen Sie?
17. Haben Sie Newsletter abonniert? Welche?
18. Schauen Sie auch öfter bei »Google« nach, ob Sie etwas über die Leute finden, die Sie kennen/gerade kennen gelernt haben?
19. Sind Sie passionierter Chatter?

Restaurants und Essen

Wer trifft sich nicht gerne abends mit Freunden in einem guten Restaurant? Natürlich hat man Lieblingslokale, aber das wird auf Dauer auch langweilig. Warum holen Sie sich von Ihren Small-Talk-Partnern nicht ein paar Anregungen, wo man gut essen kann?

Einstiegsfragen:

1. Ich geh für mein Leben gerne essen. Welches ist Ihr Lieblingsrestaurant hier in dieser Stadt?
2. Welche Küche mögen Sie am liebsten? Die italienische, französische, deutsche, griechische, chinesische …?
3. Gehen Sie sehr gerne in Restaurants, oder kochen Sie lieber selbst und laden Gäste nach Hause ein?
4. Welches Lokal würden Sie für ein wichtiges Geschäftsessen empfehlen?
5. Wie wichtig ist für Sie das Design eines Restaurants?
6. Was denken Sie, wie viel Prozent Trinkgeld sollte man heutzutage in Deutschland geben?
7. In welchem Café treffen Sie sich am liebsten mit Freunden?
8. Wie finden Sie den Trend hin zu amerikanischen Stehcafés, die es jetzt auch mehr und mehr in deutschen Städten gibt?
9. Was ist Ihr Lieblingsgericht?
10. Was haben Sie als Kind besonders gern gegessen (oder gehasst)?
11. Sind Sie begeisterter Hobbykoch, der gerne neue Rezepte ausprobiert?
12. Was schätzen Sie, wie viele Kochbücher haben Sie zu Hause?
13. Wer kocht bei Ihnen zu Hause? Sie, Ihre Frau/Ihr Mann oder wechseln Sie sich ab?
14. Nehmen Sie sich Zeit zum Kochen, oder muss es in der Regel schnell gehen?
15. Nutzen Sie auch manchmal Fertiggerichte, wenn Sie wenig Zeit haben?

Weine

Wahrscheinlich trinkt jeder hin und wieder gerne ein Glas Wein. Das macht einen zwar nicht gleich zum Weinkenner, aber für ein paar geistreiche Bemerkungen zum Thema sollte es allemal reichen.

Einstiegsfragen:

1. Ich bevorzuge Wein. Wie ist das bei Ihnen? Würden Sie sich als Weinkenner bezeichnen?
2. Der Rotwein heute ist ausgezeichnet, finden Sie nicht auch?
3. Trinken Sie eher Rotwein oder Weißwein?
4. Trinken Sie regelmäßig einen guten Tropfen?
5. Haben Sie diesen Wein auch schon zu dem Käse probiert, den es am Büffet gibt?
6. Halten Sie es wie die Franzosen, dass bei Ihnen zum Essen ein Glas Wein ganz selbstverständlich dazugehört?
7. Haben Sie schon einmal australische Weine probiert?
8. Besuchen Sie im Urlaub manchmal Weingüter?
9. Welche ist Ihre Lieblings-Weinregion?
10. Wenn Sie sich so gut auskennen, haben Sie sicherlich einen gut bestückten Weinkeller, oder?
11. Kaufen Sie Ihren Wein im Supermarkt oder eher beim Weinhändler?
12. Welchen Weinhändler würden Sie mir empfehlen?
13. Teilt Ihre Frau/Ihr Mann Ihre Weinbegeisterung?
14. Würden Sie diesen Wein zum Rehbraten empfehlen?
15. Wie groß ist Ihre Bereitschaft, für sehr guten Wein sehr viel Geld auszugeben?

Kunst

Bevor man das Thema Kunst im Small Talk anschneidet, wird man sicherlich seine Sensoren ausfahren und überlegen, ob es in den Kontext passt. Nicht jeder Gesprächspartner hat Lust, mit Ihnen gemeinsam zu erörtern, inwieweit Picasso von Matisse beeinflusst wurde. Manchmal ist es sicherlich eine gute Idee, sich von seiner intellektuellen Seite zu zeigen, aber in anderen Situationen wirkt es ganz einfach nur aufgeblasen. Hinzu kommt, dass man mit dem Thema Kunst Geschmacksnerven treffen kann.

Einstiegsfragen:

1. Wenn ich viel Geld hätte, würde ich mir gerne Bilder kaufen. Würden Sie Ihr Geld auch in Kunstobjekte investieren?
2. Wer ist Ihr Lieblingsmaler? Welches ist Ihr Lieblingsbild?
3. Haben Sie ein Lieblingsmuseum? Welches?

4. Waren Sie schon mal in der National Gallery in London/im Louvre?
5. Was hat Sie zu dieser Ausstellungseröffnung geführt? Kennen Sie den Künstler oder den Galeristen persönlich?
6. Wollen Sie eines der ausgestellten Werke eventuell kaufen?
7. Legen Sie Wert auf Originalgrafiken oder genügen Ihnen Poster?
8. Besuchen Sie regelmäßig Ausstellungen?
9. Welche Ausstellung haben Sie zuletzt besucht?
10. Fahren Sie manchmal quer durch Deutschland/Europa, um eine interessante Ausstellung zu besuchen?
11. Welche war die beeindruckendste Ausstellung von denen, die Sie in der letzten Zeit besucht haben?
12. Haben Sie einen Blick dafür, wer ein Bild gemalt hat, wenn Sie im Museum davorstehen?
13. Mögen Sie lieber moderne Kunst oder Maler des 19. Jahrhunderts?

Design

Der eine ist besessen von Design und duldet in seinem Haus keinen Wandhaken, der nicht mindestens von Philippe Starck entworfen wurde. Der andere erwartet von Gebrauchsgegenständen vor allem, dass sie preiswert und stabil sind. Treffen diese beiden aufeinander, dann können diese verschiedenen Sichtweisen sicherlich zu einem spannenden Small Talk führen. Vielleicht lernt man voneinander: Dem einen wird vielleicht bewusst, dass es sich entspannter lebt, wenn nicht alles durchgestylt ist. Der andere sieht ein, dass eine ausgefallene Schreibtischlampe ein Stück Lebensqualität sein kann, über das man sich jeden Tag aufs Neue freut.

Betritt man als Design-Interessierter ein Haus, in dem man schon in der Eingangshalle über die ersten Le-Corbusier-Sofas stolpert, dann wird man sich mit dem Wohnungsinhaber natürlich umso angeregter über Architekten, Entwürfe und Lieblingsstücke unterhalten können.

Einstiegsfragen:

1. Interessieren Sie sich für Design?
2. Das ist ja hier eine ganze Anzahl erlesener Stücke. Wie lange sammeln Sie schon Möbel?
3. Was war Ihr erstes Stück?

4. Können Sie mir einen Möbelhändler hier in der Stadt besonders empfehlen?
5. Kennen Sie das eine oder andere Designmuseum?
6. Was halten Sie von Arne Jacobsen?
7. Wer hat denn den Tisch dort drüben entworfen?
8. Welche Meinung haben Sie zu den italienischen Nachbauten der Originale, die häufig günstig angeboten werden?
9. Ich brauche eine neue Kommode. Wo kaufe ich die am besten?
10. Nehmen Sie in Kauf, dass schöne Dinge manchmal etwas unpraktisch sind?

Mode

Fragen Sie niemals eine Frau (und am besten auch keinen Mann): »Interessieren Sie sich für Mode?« Damit sagen Sie unbewusst (oder absichtlich?): »So wie Sie herumlaufen, können Sie sich unmöglich für Mode interessieren, aber am besten, ich frage trotzdem ...« Erkundigen Sie sich lieber: »Haben Sie einen Lieblingsdesigner?«

Einstiegsfragen:

1. Verzeihen Sie, in Sachen Mode kenne ich mich überhaupt nicht aus. Sie wirken da auf mich, als ob Sie sehr genau wüssten, was wie und wo gut zusammenpasst, worauf zu achten ist. Ich bewundere Ihr(e/n) Anzug/Krawatte/Kostüm. Würden Sie mir einen Tipp geben ...
2. Bitte halten Sie mich nicht für aufdringlich, aber ich bewundere Ihre(n) ... Ich weiß, so etwas fragt man nicht – also, äh, wo haben Sie das ... erworben?
3. Wie finden Sie da hinten die Dame/den Herrn mit ... Gefällt Ihnen so etwas?
4. Ich bin neu hier in der Stadt. Geben Sie mir bitte mal einen Tipp: Wo kaufe ich am besten einen Wintermantel (einen Business-Anzug)?
5. Wie gefallen Ihnen die neuen Farben für den Winter?
6. Wie informieren Sie sich, was gerade angesagt ist?
7. Was sagen Sie, in welcher Straße hier in der Stadt gibt es die besten Boutiquen?
8. Bei Ihnen verlangt es allein schon der Job, dass Sie immer perfekt gekleidet sind. Kann man da überhaupt zweimal dasselbe tragen?

9. Kaufen Sie auch manchmal Kleidungsstücke, die Sie dann nie anziehen?
10. Was sagen Sie dazu, dass es immer mehr Kleidungsstücke gibt, die man weder waschen noch chemisch reinigen darf?

Hobbys

Hobbys gehören sicherlich zu den besten, weil sehr subjektiven und persönlichen Themen. Ihr Gesprächspartner oder Sie können enthusiastisch erzählen und zugleich vom jeweils anderen viel erfahren. Und wenn einem selbst und seinem Gegenüber zu den jeweiligen Hobbys nichts Interessantes einfällt, wozu wohl dann?

Einstiegsfragen:

1. Sie haben bestimmt nicht viel freie Zeit. Wenn Sie beruflich so eingebunden sind, bleibt Ihnen da eigentlich genug Zeit für Hobbys? Wie machen Sie das?
2. Sie sagen, Ihr Garten sei Ihr Hobby. Und was haben Sie als Alternative für den Winter?
3. Sind Sie ein Mensch, der ein Hobby hat/braucht?
4. Welche Hobbys haben Sie?
5. Ist Ihr Hobby nicht sehr kostspielig?
6. Haben Sie schon einmal überlegt, Ihr Hobby zum Beruf zu machen?
7. Beklagt sich Ihre Familie manchmal, dass Ihr Hobby zu viel Zeit verschlingt?
8. Wie halten Sie sich über Marktentwicklungen und Trends bezüglich Ihres Hobbys auf dem Laufenden?
9. Besuchen Sie Clubs oder Interessengemeinschaften von Leuten, die das gleiche Hobby haben wie Sie?
10. Ich überlege mir gerade, was ein Mensch wie Sie für Hobbys haben könnte. Sagen Sie jetzt bloß nicht, Sie hätten keine …

Garten/Blumen

Der eine kann eine Tulpe kaum von einer Rose unterscheiden, die Nächste nennt Ihnen die lateinischen Namen ihrer 320 Staudensorten. Mit anderen Worten: Blumen sind ein Thema, das Interesse und Kenntnisse voraussetzt, wenn sich ein intensiver Small Talk daraus entwickeln soll. Als Laie wird man oft nicht viel mehr sagen können als »Oh, ist das Gras schön grün!«

Einstiegsfragen:

1. Sie haben einen eigenen Garten? Beschäftigen Sie einen Gärtner oder sind Sie selbst passionierter Botaniker? Was denken Sie, wie viele Stunden Sie im Jahr mit Gartenarbeit verbringen? Haben Sie das mal überschlagen?
2. Wir möchten demnächst einen Garten anlegen. Worauf müssen wir dabei achten? Womit würden Sie die Rasenfläche begrenzen? Was halten Sie von Koniferen?
3. Können Sie mir einen Gartenarchitekten empfehlen?
4. Welches ist Ihrer Ansicht nach das beste Gartencenter hier in der Stadt?
5. Haben Sie schon einmal eine Studienreise zu den englischen Gärten unternommen?
6. Sind Sie Mitglied in einem Staudenverein?
7. Ist Ihre ganze Familie gartenbegeistert oder bleibt die Arbeit im Grunde an Ihnen hängen?
8. Haben Sie einen reinen Ziergarten oder ist Ihnen auch ein Nutzgarten wichtig?
9. Wie hat Ihnen die letzte Bundesgartenschau gefallen?
10. Welcher Florist bindet hier in der Gegend die besten Blumensträuße?

Tiere

Wie heißt es noch gleich: Der Hund ist der beste Freund des Menschen. Aber wer weiß, vielleicht mögen Sie andere Tiere lieber. Jedenfalls gibt es wohl niemanden, der nicht von irgendeinem Tier fasziniert ist. Warum also nicht darüber reden?

Einstiegsfragen:

1. Wer die Menschen kennt, liebt die Tiere, heißt es ja so treffend. Na, vielleicht sind Sie anderer Meinung. Aber haben Sie Haustiere?
2. Hatten Ihre Eltern Tiere, als Sie klein waren?
3. Wer passt auf Ihre Tiere auf, wenn Sie im Urlaub sind?
4. Mögen Sie Katzen?
5. Ist Ihr Hund wachsam?

6. Zu welcher Rasse gehört Ihr Hund?
7. Haben Sie Angst vor Hunden? Sind Sie schon einmal gebissen worden?
8. Schauen Sie sich gerne Tiersendungen im Fernsehen an?
9. Würden Sie gerne auf einem Bauernhof mit vielen Tieren leben?
10. Hätten Sie gerne ein eigenes Pferd?
11. Ich kann mich stundenlang vor ein Aquarium stellen und die Fische beobachten. Geht Ihnen das genauso?
12. Würde Sie eine Großwild-Safari in Afrika reizen?

Träume und Wünsche

Warum nicht einmal darüber reden, wie man sein Leben gestalten würde, wenn alles möglich wäre. Wer weiß, vielleicht stellt sich heraus, dass viele dieser Träume durchaus realistisch sind …

Einstiegsfragen:

1. Sicher wissen Sie, dass wir alle träumen. Jede Nacht sogar mehrfach. Viele erinnern sich nicht daran, was sie geträumt haben. Würden Sie mir verraten, wovon Sie träumen?
2. Wissen Sie, ich hatte letzte Nacht einen ganz merkwürdigen/schönen/furchtbaren Traum. Darf ich Ihnen den kurz erzählen …
3. Was ist denn Ihr Traum-/Wunschberuf?
4. Haben Sie geheime Wünsche, von denen besser niemand etwas erfährt? Ich werde Sie nicht nach Ihren Wünschen fragen, versprochen.
5. Stellen Sie sich vor, ich könnte Ihnen einen Wunsch erfüllen, was würden Sie sich von mir wünschen?
6. Was würden Sie machen, wenn Sie finanziell vollkommen unabhängig wären?
7. Wo würden Sie leben wollen?
8. Wenn Sie drei Wünsche frei hätten; welche wären das?
9. Kämpfen Sie dafür, Ihre Träume zu verwirklichen?
10. Wie fühlen Sie sich, wenn Sie ein wichtiges Ziel erreicht haben? Erleichtert? Stolz? Leer?

Gott und die Welt

Selbst anspruchsvolle, weil komplexe und moralisch stark besetzte Themen bieten interessante Einstiegsmöglichkeiten. Nur auf die Umgebung und Ihr Gegenüber kommt es an. Nun sollte man vielleicht nicht mit der Frage »Glauben Sie an Gott?« beginnen oder angesichts des irdischen Elends dessen Existenz problematisieren. Aber ob Ethik, Philosophie oder Religion, es gibt auch zu diesem Themenkreis einen sanften Einstieg. Als Small-Talk-Thema ist beispielsweise Astrologie immer interessant, weil vermutlich jeder eine explizite Meinung dazu hat: von »hochinteressant« bis »vollkommener Blödsinn« kann man mit allen möglichen Reaktionen rechnen.

Einstiegsfragen:

1. Was sagen Sie zu den Möglichkeiten der Genforschung?
2. Sollte der Wissenschaft alles Machbare erlaubt werden oder besser nicht?
3. Sind wir eher ein Produkt unserer Gene oder unserer sozialen Umwelt?
4. Was meinen Sie? Gibt es da draußen noch andere Lebewesen, oder sind wir allein?
5. Glauben Sie an den Zufall oder ist vielleicht doch alles vorherbestimmt?
6. Wird die Welt – vereinfacht gefragt – Ihrer Meinung nach besser oder schlechter?
7. Halten Sie sich eher für einen Realisten oder für einen Idealisten?
8. Sie interessieren sich sicherlich nicht für Astrologie. Aber Sie wissen doch, welches Sternzeichen Sie sind? Kennen Sie auch Ihren Aszendenten?
9. Wie weit geht Ihr Interesse? Lesen Sie Ihr Tageshoroskop in der Zeitung oder gehen Sie gar wissenschaftlich an die Astrologie heran?
10. Geht Ihr Vertrauen in die Astrologie so weit, dass Sie persönliche Entscheidungen vom Horoskop abhängig machen?

Krankheiten

Ob es einem gefällt oder nicht, Krankheiten gehören zum Leben dazu. Wenn man Glück hatte, blieb man selbst bisher weitgehend davon verschont. Trotzdem wird es in Small Talks immer wieder auch um Krankheiten gehen. Wobei man seine Mitmenschen nicht stundenlang mit Details belästigen sollte, besonders dann nicht, wenn es um vergleichsweise harmlose Wehwehchen geht. Als Nicht-Betroffener wird man allerdings ein offenes Ohr für Kranke haben. Menschen, denen es gerade nicht so gut geht, brauchen jemanden, der ihnen aufmerksam zuhört.

Einstiegsfragen:

1. Wie fühlen Sie sich, wie geht es Ihnen? Ich mache mir Sorgen um Sie.
2. Ich freue mich. Sie sehen schon wieder viel besser aus! Fühlen Sie sich auch besser?
3. Ich habe den Eindruck, hier im Krankenhaus kümmert man sich sehr liebevoll um die Patienten. Trifft mein Eindruck zu?
4. Können Sie mir einen Facharzt für ... empfehlen?
5. Ist der Arzt zufrieden mit Ihrem Heilungsprozess?
6. Ich muss in den nächsten Tagen zum Augenarzt. Können Sie mir einen guten Arzt hier in der Nähe empfehlen?
7. Welches Mittel würden Sie mir gegen Kopfschmerzen empfehlen?
8. Sind Sie zufrieden mit Ihrem Zahnarzt?
9. Sie waren gerade zur Kur? Wie hat Ihnen Bad Wörishofen gefallen?
10. Geht es Ihrer Schwester wieder besser?

Zu guter Letzt

Checkliste zum eigenen Small-Talk-Verhalten

Lassen Sie sich von der folgenden Checkliste anregen, Ihr persönliches Verhalten im Small Talk einmal genau zu analysieren. Nehmen Sie sich zehn Minuten Zeit und denken Sie zunächst an Gesprächssituationen am Arbeitsplatz, berücksichtigen Sie aber auch Gespräche mit Familienangehörigen oder Freunden.

1. Mit wem haben Sie gesprochen? (Status, Alter, Geschlecht)
2. Wer hat das Gespräch eröffnet?
3. Haben Sie vorher Beobachtungen angestellt, und ist Ihnen etwas aufgefallen?
4. Was war der Gesprächsaufhänger?
5. Wo fand der Small Talk statt?
6. Was war das Hauptthema?
7. Hat Sie das Thema wirklich interessiert, oder haben Sie sich eher aus Höflichkeit oder strategischen Gründen unterhalten?
8. War das Gespräch ausgeglichen oder hat im Wesentlichen nur einer gesprochen?
9. Hat Ihnen die Unterhaltung Spaß gemacht, oder waren Sie gelangweilt oder sogar verärgert und warum?
10. Haben Sie auf Blickkontakt und Körpersprache geachtet?
11. Wie, glauben Sie, hat Ihrem Gesprächspartner der Small Talk gefallen?
12. Hat sich Ihr Gegenüber wohlgefühlt? Konnte er seine Meinung äußern, seine Geschichte erzählen?
13. Wie lange dauerte die Unterhaltung?
14. Wer hat das Gespräch beendet?
15. War es ein harmonischer oder abrupter Abschluss?
16. Im Rückblick: Was hätte anders/besser laufen können?
17. Welche Fehler wollen Sie in Zukunft vermeiden?

ÜBUNG

Übung: Es ist erstaunlich, wie viele Aspekte in einen Small Talk hineinspielen. Kleine Verhaltensänderungen – wie zum Beispiel der Vorsatz, dem anderen in Zukunft nicht mehr ins Wort zu fallen – können Wunder wirken. Probieren Sie es gleich morgen aus!

Fazit

Freuen Sie sich auf Small Talks! Wenn Sie die in diesem Buch angesprochenen Hintergründe und Strategien berücksichtigen, haben Sie absolut keinen Grund, unsicher an Gespräche heranzugehen. Das nötige Rüstzeug zu souveräner und entspannter Konversation haben wir Ihnen mit auf den Weg gegeben.

Sie brauchen im Wesentlichen:

1. gute Laune
2. ein sympathisches Lächeln
3. ein paar interessante Anknüpfungspunkte und Einstiegsfragen
4. Interesse am anderen und Rücksicht
5. ein Gespür für geschickte Selbstpräsentation

Wenn wir uns die fünf Punkte anschauen, dann wird es von 1 bis 5 zunehmend anspruchsvoller. »Gute Laune« und »Lächeln« sollten einem im Normalfall nicht schwer fallen. Ein Gefühl für Einstiegsfragen, die Interessantes aus dem Gesprächspartner herauslocken, entwickelt man auch recht schnell. Erst in den Punkten 4 und 5 geht es dann um etwas heiklere Aspekte. Dabei ist es genau die gute Mischung aus Interesse, Rücksicht und intelligenter Selbstdarstellung, die den souveränen Small Talker ausmachen.

22 Small Talk kan man lernen

Falls es Sie beruhigt: Auch die genialsten Kommunikationsprofis sind nicht permanent brillant, diplomatisch und gewandt. Jeder tritt mal in Fettnäpfe, jeder muss mal nach den passenden Worten suchen. Deshalb sollten Sie auch von sich selbst nichts Unmögliches erwarten. Freuen Sie sich ganz einfach auf zukünftige Small Talks. Wir finden, dass es aus drei Gründen kaum etwas Spannenderes gibt als Kommunikation: Erstens lernt man sehr viel in Gesprächen, zweitens kann man durch das eigene Verhalten einiges zu gelungenen Gesprächen beitragen, man weiß aber – drittens – vorher trotzdem nie genau, wie sich die Unterhaltung entwickeln wird.

20 Denkanstöße

1. Geben Sie Ihrem Gesprächspartner das Gefühl, im Mittelpunkt zu stehen. Auf diese Weise wird er sich im Gespräch mit Ihnen wohlfühlen.
2. Lassen Sie alles andere stehen und liegen, konzentrieren Sie sich ganz auf Ihr Gegenüber.
3. Es gibt nicht »das« einzig richtige Small-Talk-Verhalten. Mal nehmen Sie sich mehr zurück, haben Geduld und Verständnis, mal sind Sie eher schlagfertig und dynamisch.
4. Small Talks sind eine großartige Möglichkeit zur Horizonterweiterung. Sie lernen Neues, bekommen Anregungen.
5. Zum Small Talk gehört eine gesunde Portion Neugier.
6. Lassen Sie den anderen immer ausreden. Hören Sie zu und gehen Sie auf das Gesagte ein.
7. Erzählen Sie selbst etwas Interessantes, denn niemand will nur ausgefragt werden. Aber fassen Sie sich kurz.
8. Halten Sie Blickkontakt und achten Sie darauf, wie der andere auf Ihre Worte reagiert.
9. Treten Sie selbstbewusst auf.
10. Understatement ist sympathischer als Prahlerei.
11. Glauben Sie nicht, zu jedem Thema eine eigene Geschichte erzählen zu müssen.
12. Reden Sie nicht zu laut.
13. Wer lächelt, erscheint sympathisch.
14. Bitten Sie andere um Rat. Damit zeigen Sie, dass Ihnen die Meinung des anderen wichtig ist.
15. Achten Sie bei Gesprächen in der Gruppe darauf, alle Anwesenden am Gespräch zu beteiligen.
16. Komplimente müssen glaubwürdig, aufrichtig sein. Als ständige Strategie kommen sie nicht in Frage. Üben sie sich im Loben, Komplimentemachen.
17. Bedenken Sie, dass Sie mit Ihren Aussagen Ihr Image prägen. Achten Sie also darauf, sich im Wesentlichen als optimistisch und erfolgreich zu präsentieren.
18. Wenn Sie gelegentlich eine kleine Schwäche zugeben, lässt Sie das sympathischer und glaubwürdiger erscheinen.
19. Natürlich wollen Sie im Small Talk Ziele erreichen. Das muss Ihnen nicht peinlich sein.

20. Setzen Sie das persönliche »Du« und das distanzierte »Sie« sehr bewusst ein, wenn Sie neue Leute kennen lernen.

Und noch etwas erscheint uns ganz wichtig:
Wir sind nicht auf der Welt, um so zu sein, wie andere uns haben wollen.

Was Sie noch wissen sollten ...

Das Autorenteam Hesse/Schrader ist seit über 20 Jahren auf dem Sektor der Bewerbungsratgeber sowie zu weiteren Themen aus der Arbeitswelt publizistisch tätig. Am Anfang stand die erstmalige Veröffentlichung aller gängigen so genannten Intelligenztests und deren kritische Reflexion in dem Buch *Testtraining für Ausbildungsplatzsucher* (1985). Ebenfalls Neuland zum Bereich »Überleben in der Arbeitswelt« erschloss ihr Buch *Die Neurosen der Chefs – Die seelischen Kosten der Karriere* sowie *Verdienen Sie so viel, wie Sie verdienen – Von Geld, Geltung und Gerechtigkeit.*

Von besonderem Interesse für den Leser dieses Buches sind die Hesse/Schrader-Titel *Small Talk, Die 10 Gebote der Jobsicherung.* Interessant für die Arbeitsplatzeroberung ist auch die Buchreihe *Die perfekte Bewerbungsmappe* – Bücher im DIN-A4-Format, die Bewerbungsunterlagen erfolgreicher Kandidaten originalgetreu präsentieren.

Beide Autoren verfügen über langjährige Erfahrung als Seminarleiter bei Bewerbungstrainings, bieten jetzt aber auch Small-Talk-Seminare an. Ein besonderes Interesse gilt der gewerkschaftlichen Bildungsarbeit in Form von Anti-Mobbing- und Konfliktmanagement-Seminaren.

1992 gründeten sie in Berlin das *Büro für Berufsstrategie*, das ausschließlich Arbeitnehmer in allen erdenklichen beruflichen Fragen berät und unterstützt.

Wenn Sie persönliche Anregungen wünschen, Rat und Unterstützung brauchen, wenden Sie sich bitte an das Sekretariat des *Büros für Berufsstrategie* in Berlin und besuchen Sie unseren Internetauftritt:
www.berufsstrategie.de

Anmerkungen

1 Laurie Schloff und Marcia Yudkin: *Smart Speaking*, New York 1992
2 Persönliches Interview im *Büro für Berufsstrategie*
3 Prof. Astrid Schütz, Chem. TU Chemnitz, aus dem Internet, *http://www.komma-net.de*
4 Hans Dieter Mummendey: *Psychologie der Selbstdarstellung*, Göttingen 1995
5 Barbara Ann Kipfer: *14,000 things to be happy about*, New York 1990
6 vgl. Anmerkung 1
7 Dale Carnegie: *How to Win Friends and Influence People*, New York 1981; dt. Ausgabe *Wie man Freunde gewinnt*, München 2003
8 Gregory Stock: *The Book of Questions*, New York 1987

Literatur

Dale Carnegie: *How to Win Friends and Influence People*, New York 1981
dtv-Lexikon, München 1975
Georg Franck: *Ökonomie der Aufmerksamkeit*, München 1998
Alan Garner: *Conversationally Speaking*, Los Angeles 1997
Lillian Glass: *Sag doch einfach, was Du denkst*, Oesch Verlag
Barbara Ann Kipfer: *14,000 things to be happy about*, New York 1990
Leil Lowndes: *How to Talk to Anyone*, London 1999
Meike Müller: *Schlagfertig. Verbale Angriffe gekonnt abwehren*, Niedernhausen 2001
Hans Dieter Mummendey: *Psychologie der Selbstdarstellung*, Göttingen 1995
Ursula Nuber: »Beachte mich!«, in *Psychologie Heute*, Juni 2001
Laurie Schloff und Marcia Yudkin: *Smart Speaking*, New York 1992
Friedemann Schulz von Thun: *Miteinander Reden*, Band 1, Reinbek bei Hamburg 2006
Thomas Städtler: *Lexikon der Psychologie*, Stuttgart 1998
Gregory Stock: *The Book of Questions*, New York 1987